나치에 저항한 행동하는 양심
# 디트리히 본회퍼

Copyright © 2018 Dayspring MacLeod
Originally published in English under the title

## A Spoke In The Wheel

Published by Christian Focus Publications,
Geanies House, Fearn, Tain, Ross-shire, IV20 1TW, Scotland, U.K.
All rights reserved.

Korean Edition
© 2021 by Precept Korea
91, Sadang-ro 2ga-gil, Dongjak-ku, Seoul, Korea

나치에 저항한 행동하는 양심

# 디트리히 본회퍼

데이스프링 매클라우드 지음 | 박상현 옮김

**묵상하는사람들**
프리셉트

이는 내 멍에는 쉽고
내 짐은 가벼움이라 하시니라

마태복음 11:30

# 차례

1. 별명 짓기 8
2. 부르심 22
3. 가르침 34
4. 균형 40
5. 신학을 가르치는 방법 56
6. 편지 68

7. 입장 74
8. 개신교 수도원 90
9. 두려움 102
10. 음악의 밤 112
11. 윤리 122
12. 비밀 임무 138

13. 끝의 시작 148
14. 축제 156
15. 사감 168
16. 영원 176
17. 탈출 184
18. 교회 192

에필로그 200
더 생각해 보기 202
디트리히 본회퍼의 신학 208
인물들 210
제2차 세계대전 당시 독일 지도 212
디트리히 본회퍼 연대표 214

## 별명 짓기

### 1945

마침내 긴 여행이 끝났다. 열세 명의 죄수가 버스에서 내려 기지개를 켜고 눈을 깜빡거렸다. 나치Nazi 경비병들은 그들을 밀거나 소리칠 필요가 없었다. 죄수들은 부헨발트Buchenwald 강제수용소에서부터 3일 동안 긴 여행을 해 왔기에 몹시 지쳐 있었다.

그들 대부분은 여러 해 동안 죽음의 기운이 드리워진 강제수용소에서 지내 왔다. 정치범인 그들은 한때 중요한 일을 했던 인물들이지만, 지금은 그런 모습을 찾아볼 수 없었다. 다른 죄수들처럼 낡아빠진 옷을 걸친 죄수일 뿐이었다. 이제 그들은 바이에른Bavarian의 작은 마을인 쇤부르크Schonburg까지

왔다. 여기에 남은 마지막 수용소는 어느 학교였다. 경비병은 그들을 학교 기숙사 안으로 떠밀고서 각자 침대를 고르도록 했다. 기숙사 안을 둘러보던 죄수들은 놀라서 입이 떡 벌어졌다.

"저는 천국에 온 줄 알았네요."

디트리히 본회퍼 Dietrich Bonhoeffer가 말했다. 그의 말에 다들 웃음을 터뜨렸다.

"만일 하나님께서 계신 곳이 천국이라면, 목사님은 어디를 가든 천국이겠네요. 목사님처럼 하나님을 진짜로 믿는 분은 처음 봅니다!"

경비병들에게 '늑대 씨' Herr Wolf라고 불리는 영국인이 말했다. 사실 부헨발트의 회색빛 감방과 비교하면 이곳은 정말 천국같아 보였다. 그 방은 여학생 기숙사였던 곳으로, 숲이 우거진 골짜기가 보이는 큰 창을 통해 빛이 가득 들어왔다. 침대에는 하얀 이불이 놓여 있었고, 침대마다 머리맡에 자신의 이름을 적는 작은 칠판이 달려 있었다.
　그때 기숙사 사감처럼 보이는 한 중년 부인이 말했다.

"좋아요. 그럼 이제 각자 자기 침대를 정하도록 하죠. 여보, 우리는 이 소녀를 특별히 환대해 줄까요?"

그녀가 의미심장한 눈빛으로 남편을 바라보며 말했다. 그들은 금발 머리가 잔뜩 헝클어진 소녀를 제일 끝에 놓인 침대로 데려갔다.

"저를 돌봐 주실 필요 없어요. 저는 당신들 딸이 아니에요."

금발 아가씨가 뚱하게 말했다.

"하지만 네 나이엔 엄마가 필요하단다. 아무리 전쟁 중이라지만 이렇게 남성과 여성을 같은 방에서 지내도록 하다니! 저들이 이렇게까지 한다는 건 틀림없이 전쟁에서 지고 있다는 뜻일 거야!"

중년 부인이 말했다.

"제게 분필이 있습니다. 여학생들처럼 우리도 칠판에 자신의 이름을 써 보면 어떨까요?"

늑대가 분위기를 바꾸기 위해 목청을 가다듬으며 말했다.

"그것참, 좋은 생각이에요. 각자의 개성을 살려 이름 대신 서로 별명을 짓는 게 어떨까요?"

이번에는 갈색 콧수염을 가진 독일인 의사 라셔 Dr. Rascher가 말했다. 그는 첫 번째로 러시아 장교의 자리로 갔다. 러시아 장교는 몇 해 전 독일에 침투할 때 입었던 낡은 낙하산복을 입고 있었는데, 절반 정도는 민간인의 옷을 덧댄 상태였다.

"바실리Vassily."

라셔가 쾌활하게 그의 이름을 불렀다. 러시아 장교는 라셔의 우렁찬 목소리에 움찔하더니 긴장한 듯 옷매를 매만졌고, 다른 죄수들은 웃음을 터뜨렸다.

"당신을 뭐라고 부르면 좋을까요? 순진한 얼굴에 어울리게 아기? 아니면 그냥 간단하게 러시아인? 아니지, 당신에게 딱 어울리는 이름이 있어요."

라셔는 러시아 장교의 칠판에 '조카'라고 적었다. 그러자 바실리는 어깨를 으쓱하며 말했다.

"바로 그게 제가 처형당하지 않았던 유일한 이유죠."

바실리의 말에 디트리히가 아리송한 표정을 지었다.

"목사님은 모르셨군요? 바실리는 몰로토프Molotov의 조카예요. 몰로토프는 현재 러시아를 통치하고 있는 이오시프 스탈린 Josef Stalin[1]이 아끼는 측근이에요."

"아, 그래서 조카라고 말한 거군요."

디트리히는 알겠다는 듯 웃으며, 라셔가 죄수들의 침대 사

---

[1] 이오시프 스탈린(Josef Stalin)은 당시 러시아 공산주의 독재자요 잔인무도한 최고권력자였다. 그는 러시아 국가 권력을 장악하는 데 저항하는 세력을 무자비하게 숙청했고 인간 백정이라는 별명을 얻었다. 그는 어느 러시아 병사든지 전투에서 후퇴하는 자나 사로잡힌 포로는 처형하게 했는데, 그것은 군에게 불명예를 줬다는 이유와 또 적을 쳐부수거나 대가를 치르는 것이 절대적으로 필요하다는 것을 보여 주기 위함이었다. 몰로토프는 정치인으로, 스탈린의 가장 충성된 지지자 중 한 명이었다. 조카의 진짜 이름은 바실리 코코린(Vassily Kokorin)이었다.

이를 돌아다니며 칠판에 '늑대', '겁쟁이', '정치가', '금발 폭탄', '귀족', '대사', '사감' 같은 별명을 쓰는 것을 지켜봤다.

"당신은 다른 이들을 관찰하는 데 매우 뛰어나 보이네요. 그렇다면 당신의 별명은 뭔가요?"

디트리히가 궁금하다는 듯 물었다.

"음, 저는 최고의 약으로 웃음을 처방하는 의사입니다. 그러니 '광대'라고 부르시면 됩니다!"

라셔는 그렇게 말하며 몸을 낮춰 인사했다.

"그건 그렇고 목사님은 자신을 어떻게 묘사하겠습니까?"

디트리히는 잠시 생각에 잠겼다. 그에게는 이렇다 할 신체적 특징이 없었다. 그도 한때는 다부진 체격이었지만, 오랜 감옥 생활로 이제는 왜소해진 모습이었다. 안경을 쓴 디트리히는 삼십 대 중반이었지만 넓은 이마에는 머리카락이 몇 가닥 남지 않았다. 그는 피아니스트나 교수, 급진파 혹은 여러

언어를 구사하는 사람 정도를 떠올릴 수 있었다. 마침내 디트리히가 말했다.

"저는 단순하게 '디트리히 형제'가 좋을 것 같네요."

"그건 좀 지루한데요? 조금 더 독특한 걸로 하죠."

라셔가 말했다.

"그럼 '천재'라고 해요."

감옥에 오기 전에 디트리히를 알고 있던 귀족이 제안했다.

"'하나님의 사람'으로 합시다!"

이번에는 늑대가 외쳤다.

"다 맞긴 한데 상상력이 부족해요. 저는 목사님에게도 아주 딱 들어맞는, 하지만 그 누구도 예상하지 못할 별명을 지어 줄 거예요."

라셔는 신난 듯 칠판에 '폭군 살해자'라고 썼다.

"아, 폭군을 죽인 사람이라⋯."

디트리히는 매우 심각해 보였다.
라셔가 그를 다른 죄수들에게 처음 소개하듯이 팔로 곡선을 그리며 말했다.

"디트리히 본회퍼, 총통2)을 죽이려고 한 목사님이십니다!"

"아니, 그게 사실입니까?"

늑대가 놀란 표정으로 디트리히에게 물었다.

"저는 폭탄을 설치하거나, 총통에게 방아쇠를 당기려 한 적은 없습니다. 그저 메시지를 전달했을 뿐입니다. 그런데 당신은 그걸 어떻게 알았습니까?"

---

2) '총통'은 순전히 독일어로 '지도자'를 의미하며, 이것은 당시 독일 사람들이 히틀러(Hitler)를 부를 때 사용하던 호칭이다.

디트리히가 라셔를 향해 돌아서며 물었다.

"아, 나치 정부와 관련된 것들을 알게 된 건 그리 오래되지 않습니다. 저는 죽음의 수용소를 만든 힘러Himmler(번역자 주: 강제수용소에서 유대인 학살 책임자였던 나치 지도자다) 바로 밑에서 일했어요."

라셔가 어깨를 으쓱하며 말했다.

"그런데 지금 왜 여기 있는 거죠?"

"그 이유는 오직 우리의 친애하는 총통 각하만이 아시겠지요, 친애하는 디트리히 목사님."

라셔가 짧게 웃으며 말했다.

"나를 조롱하는군요."

디트리히가 차분한 목소리로 말했다.

"목사님은 하나님께서 좋은 분이시라고 말하지만, 지금 저와 같은 처지 아닙니까? 만일 하나님께서 진실로 선하고 능력이 있으시다면, 당신은 왜 여기에 있는 거죠?"

"저런."

늑대가 황급히 끼어들었다.

"나는 지금 너무 배고파서 신앙을 논할 기운도 없습니다. 살짝 현기증도 나는군요."

늑대가 문으로 성큼성큼 걸어가더니 거칠게 문을 두드렸다. 그리고 마침내 나타난 경비병에게 물었다.

"이보시오, 오늘 저녁 식사 소식은 있소?"

"저도 알고 싶군요, 늑대 씨. 지금은 음식 재료가 아무것도 없어요."

경비병이 한숨을 쉬며 대답했다.

"이거 도저히 안 되겠군. 사령관에게 우리가 면담을 원한다고 전해 주시오!"

늑대가 흥분한 목소리로 말했다.

"네, 그렇게 하죠. 하지만 이게 잘하는 일인지는 모르겠네요."

잠시 후, 사령관이 모습을 드러냈다.

"늑대 씨, 당신이 불만을 제기했다고요?"

"네, 하지만 불만이 아니라 요청입니다. 사령관님, 우리는 길에서 사흘이나 지내면서 식사다운 식사를 한 번 못 했습니다. 배식은 대체 언제입니까?"

사령관이 미안하다는 듯이 고개를 저었다. 6년간의 전쟁에 지친 그는 무자비한 나치 장교의 모습과는 거리가 멀었다.

"우리에겐 식량이 없습니다. 제 부하들 먹일 것조차 말입니다. 이 지역 시장님은 그나마 얼마 안 되는 식량을 우리에게 내줄 수 없다며 버티고 있습니다. 옆에 마을이 하나 더 있긴 하지만, 기름이 부족해서 차량으로 식량을 가져오는 것도 불가능한 상황입니다. 저도 지금 백방으로 뛰며 최선을 다하고 있습니다."

"이거 정말 심각한 문제로군요. 하지만 우리는 정치범입니다. 그 말은 우리가 당신 부하들 배급의 두 배는 받아야 한다는 것을 뜻하죠. 우리를 굶기는 건 불법이에요. 당신도 알다시피 전쟁이 거의 끝났고, 후에 당신이 우리를 이렇게 대우했다는 이유로 처벌당하는 것을 원하지 않아요."

늑대가 진지하게 말했다.

"글쎄요, 어쩌면 저에 대해 불평을 제기할 수 있겠죠. 당신이 굶어 죽지 않는다면요. 여러분이 지금 할 수 있는 건 잠을 좀 자 두는 거예요. 내일 아침이면 조금이라도 음식이 나올 겁니다."

사령관은 이렇게 말하고 방을 나가 재빨리 문을 잠갔다.

"어떻게 우리에게 저렇게 말할 수가 있죠?"

라셔가 '겁쟁이'라고 별명을 지어 준 남자가 공포에 질려서 말했다.

"내가 5년 반을 죄수로 살면서 한 가지 배운 것이 있다면, 저들을 그저 동료 장교처럼 대해야 한다는 것이오. 어쨌든 우리 배 속에 큰 도움은 안 됐군요."

늑대가 대답했다.

"나는 아침이 오기 전에 죽었으면 좋겠어요. 그게 스탈린에게 총살당하는 것보다 나아요."

조카가 힘없이 말했다. 이때 칠판에 '사감'이라고 쓰인 중년 부인이 일어났다.

"그렇게 생각하면 안 돼요. 고개 들어요, 남자분들. 제가 할 수 있는 게 있나 볼게요. 늑대 씨, 경비병들의 주의를 좀 끌어 주겠어요? 제가 '작은 방'(번역자 주: '화장실'을 의미한다)에 가고 싶다고 핑계를 대는 게 좋겠어요."

## 부르심

　죄수들은 각자 침대에서 사감의 성공 소식을 기다리고 있었다. 디트리히는 침대 사이를 서성이다가 어딘가 우울해 보이는 조카에게 다가가 말을 걸었다.

　"당신에게 부탁할 게 하나 있어요. 혹시 나에게 러시아어를 가르쳐 주지 않을래요?"

　조카가 디트리히에게 옅은 미소를 지어 보이며 말했다.

　"물론 가르쳐 드릴 수 있죠. 하지만 러시아어를 쓸 일이 있을까요?"

"그럴 기회가 오면 좋겠군요. 사실 러시아 병사들이 베를린 Berlin으로 오고 있다는 소식을 들었어요. 전쟁이 끝난 후에도 한두 명은 거기 남아 있을 거라고 확신해요."

"제가 단어 몇 개를 알려 드릴 수는 있지만, 그걸로 러시아 사람을 이해할 수는 없을 거예요. 당신은 설교자죠? 하지만 러시아 사람들은 이제 신이나 교회가 필요하다고 생각하지 않아요."

"사람들이 그렇게 생각해도 여전히 하나님은 존재하십니다. 사람은 하나님과 교회를 섬기도록 부름받은 존재고요."[1)]

디트리히가 대답했다.

"이해가 안 되네요, 박사님."

"저는 박사가 아니라 목사입니다."

---

1) 디트리히의 말을 그대로 인용한 것이다.

"아, 그렇죠. 목사님은 머리가 매우 뛰어나고 공부도 많이 한 것처럼 보입니다. 그런데 왜 과학이나 경제 같은 실용적인 학문이 아니라 신을 연구하죠?"

"사실 저는 하나님께 진정한 관심이 있었던 것도 아니고, 하나님을 알지도 못했습니다. 단지 제 자존심 때문이었죠."

조카가 관심을 보이자, 디트리히는 자신의 이야기를 시작했다.

## 1915

아홉 살의 디트리히와 그의 쌍둥이 여동생 자비네Sabine는 지난 대림절 기간 내내 숨을 참고 있는 기분이었다. 크리스마스 찬송가 「오 거룩한 밤」의 가사처럼 말이다.

'죄악에 얽매여서 헤매던 죄인 위해 오셨네.'

대림절 동안 디트리히의 어머니는 아이들에게 우리의 죄와 예수님께서 우리를 구원하기 위해 돌아가신 이유에 대해 생각해 보도록 했다. 아이들은 이스라엘 민족이 그랬던 것처럼 메시야가 오시기를 간절히 기다렸다. 그래서 크리스마스이브까지 12월 한 달이 느리게 가는 것처럼 느껴졌다.

마침내 크리스마스이브 날이 왔다. 저무는 태양의 마지막 붉은빛이 사라져 가는 이른 저녁 시간이었다. 디트리히는 머리 위의 샹들리에를 바라보며, 성경에 나오는 크리스마스 내용을 읽고 계신 어머니의 목소리에 귀를 기울였다.

"천사가 이르되 무서워하지 말라 보라 내가 온 백성에게 미칠 큰 기쁨의 좋은 소식을 너희에게 전하노라 오늘 다윗의 동네에 너희를 위하여 구주가 나셨으니 곧 그리스도 주시니라 너희가 가서 강보에 싸여 구유에 뉘어 있는 아기를 보리니 이것이 너희에게 표적이니라 하더니 홀연히 수많은 천군이 그 천사와 함께 하나님을 찬송하여 이르되 지극히 높은 곳에서는 하나님께 영광이요 땅에서는 하나님이 기뻐하신 사람들 중에 평화로다 하니라"

누가복음 2:10-14.

하루 종일 부엌에서 솔솔 풍겨 오던 쿠키 냄새가 벽난로 선반에 장식한 소나무 향과 뒤섞여 집안에 은은하게 퍼졌다. 디트리히는 꼬르륵거리는 배에서 주의를 돌리려고 애쓰며 방 안을 둘러봤다. 그때 아버지가 방을 살짝 나가시는 모습이 보였다. 디트리히는 심장이 쿵쾅거렸다.

'성 니콜라스Saint Nicholas에게 빈 소원 중에 어떤 선물이 크리스마스 트리 밑에 놓여 있을까? 팽이? 공기총? 책?'

열네 살인 첫째 형 발터Walter가 살짝 기침하며 주의를 주자, 공상에 빠졌던 디트리히는 얼굴이 빨개진 채 히죽 웃었다. 발터는 온화한 성품으로 결코 누구도 비난하지 않았다. 그는 동생들이 착하게 행동하도록 만드는 천성이 고운 사람이었다.

성경을 다 읽으신 어머니가 책을 덮으시며 말씀하셨다.

"이제「이 날은 주님 정하신」찬양을 부릅시다."

하녀들은 미소 지으며 모든 불을 껐고, 어둠 속에서 아이들은 어머니의 노랫소리에 따라 함께 찬양을 불렀다. 아이들은 마치 합창단 같았다. 본회퍼 집안 아이들은 모두 특별한 음악적 재능이 있었다. 여자아이들은 높은 소리로, 남자아이들은 낮은 소리로 하모니를 이뤘는데, 디트리히는 누나나 여동생들보다 더 높고 고운 소리를 내는 유일한 남자아이였다.

두 번째 곡으로 「고요한 밤」을 부르고 있을 때 종소리가 들렸다. 아이들은 흥분해서 음정이 흔들렸지만 계속해서 노래를 부르려고 애썼다. 그 모습에 어머니는 웃음을 터뜨리셨다.

"좋아, 이제 그만 가 보렴. 메리 크리스마스!"

아이들은 그제야 문을 활짝 열고 거실로 달려갔다. 반짝거리며 빛나는 거대한 트리와 큰 리본으로 포장된 선물이 보였지만, 아이들은 거기에 눈길을 주지 않으려고 애쓰며 먼저 예수님의 탄생 장면이 꾸며져 있는 탁자로 향했다. 누군가 외쳤다.

"예수님께서 오셨다!"

그렇게 모든 기다림의 시간, 겨울의 고요함, 그리고 그들의 죄가 한순간에 잊혔다. 예수님은 그 어떤 크리스마스 트리보다 더 밝은 빛을 갖고 오셨다.

## 1918

본회퍼 집안의 소년들이 군대에 들어갈 나이가 될 때까지 제1차 세계대전이 지속될 것이라고는 아무도 생각하지 못했다. 하지만 전쟁은 오래도록 계속됐고, 매우 심각했다.

발터가 훈련을 위해 떠나기 전날 밤, 가족들이 한자리에 모였다. 각 사람은 낭송이나 음악 연주를 했는데, 디트리히는 형을 위해 기도 시를 음악으로 만들었다. 디트리히는 노래를 잘했지만, 피아노 연주는 더 뛰어났다.

"고마워, 디트리히. 너의 노래는 정말 큰 의미가 있어."

발터는 디트리히가 선물한 악보를 받으며 말했다.

다음 날 아침, 동생들은 발터가 여행 채비를 하는 모습을 지켜봤다. 가족들은 일부러 밝게 행동했지만, 집안 가득 깔린 무거운 분위기를 느낄 수 있었다.

증기기관차가 천천히 움직이기 시작했다. 발터는 창문에 얼굴을 대고 가족들을 향해 팔을 쭉 뻗었다. 그를 보며 어머니가 외치셨다.

"우리는 단지 다른 장소에 있을 뿐이란다!"

'어머니 말씀이 맞아. 다른 장소에 있는 것 말고 뭐가 두 사람을 떨어뜨려 놓을 수 있겠어?' 하고 디트리히는 생각했다.

전보가 도착한 것은 그로부터 2주 뒤였다. 디트리히는 무엇이 사람을 떨어뜨려 놓을 수 있는지 알게 됐다. 그것은 바로 시간이었다. 열일곱 살의 발터는 디트리히의 가슴속에 열일곱 살의 큰 형으로 남게 됐다. 발터는 전쟁터에서 죽었다.

발터의 장례식에서 어머니는 차분하고 평온해 보이셨다. 하지만 그 후로 몇 년 동안 어머니는 슬픈 모습을 아이들에게 보이고 싶지 않아 계속 침실에만 계셨다. 한번은 디트리히가 어머니를 보러 갔을 때 이렇게 물었다.

"어머니, 발터 형은 왜 죽어야 했어요?"

그러자 어머니의 눈에는 금세 눈물이 고였다.

"글쎄. 그건 우리가 천국에 갈 때까지 알 수 없는 일이란다."

하지만 디트리히는 속으로 이렇게 생각했다. '아니요, 알 수 있어요. 제가 반드시 설명할 거예요!'

## 1945

"가족들에게 신학자가 되겠다고 말하는 건 쉽지 않았어요."

디트리히가 조카에게 말했다.

"그런데 '신학자'가 무슨 뜻인가요?"

조카는 자세를 바로 하면서 물었다.

"하나님과 신앙을 공부하는 사람을 말해요. 제 형제자매는 말도 안 된다고 생각했을 거예요. 형들은 야망이 있었고, 성공했으니까요. 한 명은 유명한 과학자고, 한 명은 독일 항공기 회사의 대표 변호사예요. 여자 형제 두 명은 저명한 변호사와 결혼했고요. 그들은 성경을 긴 공상 소설이라고 생각한답니다."

"그렇다면 목사님의 결심을 들었을 때 모두 실망했겠군요."

"맞아요. 그들은 고작 열네 살인 제게 온갖 어려운 질문들을 하며 저를 시험했죠. 그들이 묻는 것보다 제가 궁금한 게 더 많았는데 말이에요!"

"그것참 쓸모없는 일들을 하셨네요. 대답도 못하면서 질문만 하는 것 말이에요."

"네, 하지만 생각해 보면 제가 그들보다 훨씬 더 야망이 있었어요. 그들은 과학을 설명할 길을 찾았지만, 저는 삶을 설명하고 싶었으니까요. 저는 하나님의 철학을 정복함으로써 제 이름을 위대하게 만들 계획이었어요."

"그래서 그 계획은 성공했나요?"

"아니요. 오히려 하나님의 철학이 저를 정복했거든요. 저는 예수님의 십자가를 저와 제 명예를 위해 사용하려고 했어요. 그런데 하나님의 힘을 계산하지 못했던 거죠."

디트리히는 낡은 성경책을 들어 올리며 말했다.

"어머니는 제가 교회에서 신학자가 되기로 결심을 굳혔을 때, 이 성경책을 제게 주셨어요. 이건 발터 형의 것이죠. 형은 정말 겸손한 사람이었어요. 형이 제 결심을 들었다면 분명 기뻐했을 거예요."

## 가르침

　　디트리히에게 러시아어는 독일어와 영어에 없는 생소한 발음 때문에 배우기 어려운 언어였다. 그는 '즈드라스드부이쩨' Zdravstvuyte(번역자 주: 러시아어로 '안녕하세요'를 의미한다)를 30번은 소리 내어 말했다. 조카는 디트리히가 쉽게 발음할 수 있도록 독일어 음절로 적어 주고, 발음을 알려 줬다. 그런 노력 끝에 디트리히는 가까스로 '안녕하세요'를 말할 수 있었다.

　　"조금 쉬었다 하죠."

　　디트리히가 지친 듯 안경을 벗고 땀을 닦아냈다. 그러자 조카가 웃음을 터뜨리며 물었다.

"어떤 게 더 어려운가요? 러시아어, 아니면 하나님을 공부한다는 그 신학 중에서요?"

디트리히가 미소를 지으며 말했다.

"신학이요. 그런데 사실 신학은 성경을 읽어서 한 번 이해하고 나면, 아이들에게 가르칠 만큼 쉽게 정리할 수 있어요."

"다Da(번역자 주: 러시아어로 '예'를 뜻한다), 역사처럼 말이죠? 외워야 할 사실들이 많겠네요. 쓸 일은 별로 없겠지만요."

"아니에요, 바실리. 역사처럼 '무슨 일이 일어났는지'가 아니라 '왜 일어났는지'를 이해하는 게 중요해요. 그게 바로 제가 처음으로 가르친 수업 중 하나였어요. 바로 '이해하기' 수업이었죠."

## 1927

"음, 자네는 박사 논문을 이미 끝냈군."

교수가 디트리히를 바라보며 말했다.

"사실, 조금 더 다듬어야 해요. 하지만 거의 다 끝났어요."

교수는 앞에 서 있는 스물한 살 청년을 바라보며 고개를 끄덕였다. 그리고 원고를 휙 넘기며 물었다.

"자네 교구가 어디인가? 이제는 직접 목회 경험을 해 볼 때인 것 같네. 출석하는 교회가 있나?"

디트리히가 고개를 저으며 말했다.

"저희 어머니는 하나님을 사랑하시지만, 아버지는 잘 모르겠습니다. 저희 가족은 정기적으로 출석하는 교회가 없습니다."

"그렇군. 그럼 자네가 가르칠 만한 교구를 찾아보지. 자네가 스물다섯 살이 되기 전까지는 임명을 받을 수 없다네. 그러니 그전까지는 뭔가 가치 있는 일을 하는 게 좋을 걸세."

이후 디트리히는 베를린Berlin의 부유한 동네인 그루네발트 Grunewald 교구의 교회로 가게 됐다. 가끔 설교를 했지만, 그의 주된 업무는 주일 학교에서 아이들을 가르치는 것이었다. 디트리히는 그 시간을 좋아했다. 그래서 여동생 수잔네Susanne 와 함께 주일 학교 아이들을 동물원에 데려가거나 베를린 중앙에 있는 공원으로 소풍을 가곤 했다.

당시 정신과 의사였던 아버지 카를 본회퍼Karl Bonhoeffer는 아들의 이런 모습을 보고 혹시 아이들을 돌보기 위해 신학을 포기할 생각이 있는지 물으셨다.

"아버지, 저는 정말 진지하게 교수가 아니라 목사가 돼야 하는지 고민해 왔어요. 신학이 제 마음을 움직이긴 하지만, 아이들을 가르치면서 정말 큰 보람을 느껴요."

"디트리히, 아이들에게 성경 이야기를 해 주는 것도 좋지만, 그 일만 하기에는 네가 배운 것이 너무 많은 것 같구나."

"하지만 저는 가장 심오한 성경 개념을 아이들에게 쉽게 설명하는 일이 즐거워요. 저는 아이들에게 단지 노아의 방주에  관해 이야기하는 것이 아니라, 어떻게 방주가 파멸에서 구원받을 수 있는 단 하나의 진짜 배이며 예수님의 징조인지 설명해 주고 있어요!"

신을 인간의 머리로 이해할 수 없다고 생각하시던 아버지는 어깨를 으쓱하셨다.

"네 뛰어난 머리를 어떻게 사용하든 그건 네 자유겠지."

자신의 장래를 걱정하시는 아버지의 모습을 보며, 디트리히는 생각에 잠겼다. 그리고 주일 학교에서 학생들이 한 질문 때문에 그는 더 고민하게 됐다.

"선생님, 저희는 성경에 대해 많은 것을 배웠는데요, 선생님은 정말로 저희가 성경을 믿을 거라고 기대하세요? 대학교 교수님들은 성경을 역사나 문학의 한 종류로 가르치고 계세요. 그런 분들이 정말 하나님과 악마, 천사를 믿을 거라고 생각하세요?"

"모두가 베를린 대학교 교수님들 같지는 않지. 스위스에 카를 바르트 Karl Barth라는 교수님이 계시는데, 그분은 학자들도 하나님을 믿을 수 있고 또 믿어야 한다고 주장하신단다!"

디트리히가 학생들에게 말하자, 그들은 다시 물었다.

"하지만 진화론은요? 그리고 독일 사람들이 몇백 년 전에 믿었던 신은요? 기독교가 진짜고 다른 종교가 가짜라는 걸 어떻게 알 수 있죠? 또 하나님께서 앞으로의 일을 미리 알고 계시다면, 우리는 왜 하나님께 기도해야 하죠?"

"예수님은 진짜 하나님이신가요, 아니면 단지 로마에 의해 처형된 유대인 스승이신가요?"

학생들의 계속되는 질문에 디트리히가 대답했다.

"음, 너희들의 질문에 대해 생각을 좀 해 보자꾸나."

디트리히는 일주일 뒤에 어릴 적 자신처럼 질문과 호기심이 많았던 학생들에게 초대장을 보냈다. 그렇게 시작된 모임은 매주 목요일 한 시간 반 동안 토론하는 날이 됐다.

대학교에서 학생들을 가르치던 디트리히는 다양한 주제를 조사하고 토론을 이끌었다. 그는 아이들을 오페라에 데려가서 바그너Wagner에 관해 토론하기도 하고, 미술관에 데려가서 네덜란드 화가 렘브란트Rembrandt의 신앙에 관해 이야기를 나누기도 했다. 학생들의 상당수는 기독교를 믿는 유대인들이었다.

 균형

갑자기 감방이 소란스러워지는 바람에 디트리히와 조카는 대화를 이어갈 수 없었다. 발을 구르는 소리와 환호 소리가 방 안에 가득했다. 그 이유는 바로 음식 냄새 때문이었다!

디트리히는 곧장 삶은 감자 접시를 에워싼 채 소리치는 죄수들 무리로 갔다. 한 여성이 죄수들을 불러모았고, 그들은 하나같이 음식을 날랐다.

"정말 안타까운 일이에요. 여러분을 제대로 먹일 능력도 없이 이곳에 데려오다니 말이에요! 여기 이 불쌍한 부인이 저를 찾아와서 당신들이 지금 얼마나 배고픈 상황인지 말해 줬을 때, 저는 정말 뭐라도 찾을 수밖에 없었다니까요!"

"모두 사감님을 향해 만세!"

라셔가 큰 소리로 외쳤지만, 죄수들은 이미 감자에 달려들어 후후 불며 허겁지겁 먹기에 바빴다.

"집에서 아내와 함께 중국에서 들여온 고급 접시에 감자튀김, 베이컨 등을 올려놓고 먹었던 때를 떠올리면, 삶은 감자 하나에 기뻐서 눈물 흘리는 제 모습이 믿기지 않는군요."

늑대가 디트리히에게 말했다.

"그러게 말이에요. 버터나 소금, 고기도 없는데 말이죠. 그렇지만 3일을 굶어 보니, 이게 지금껏 먹어 본 음식 중 가장 맛있는 것 같아요."

디트리히가 동의하며 말했다.

"그래도 이 커피는 맛이 정말 지독하네요."

늑대의 말에 모두가 웃음을 터뜨렸다.

"혹시 제가 감자를 더 바라면 염치없는 일일까요?"

광대 라셔가 뒤에서 걸어오며 말했다. 그는 이미 자기 몫의 감자를 다 먹고 아쉬운 듯이 손가락을 빨고 있었다.

"전에 없이 배고픈 상황이니까 그럴 수 있죠."

스파이가 대답했다.

"그냥 잠이나 자야겠어요. 이렇게 편한 침대는 몇 달 만에 처음입니다."

라셔가 한숨을 내쉬며 말했다.

"저는 2년 만입니다."

디트리히가 말했다.

"저는 5년 하고도 더요. 자러 가기 전에 저 끔찍한 커피를 좀 더 가져와야겠어요. 잘 자요, 여러분."

늑대가 이렇게 말하고 떠나자, 라셔가 컵을 들며 외쳤다.

"자, 건배!"

디트리히는 라셔와 컵을 부딪치더니 잠시 생각에 잠겼다. 잠시 후 디트리히가 조용히 말했다.

"나는 당신이 누군지 알아요."

"저를요?"

라셔는 마지막 남은 커피를 후루룩 마시며 말했다.

"당신은 다하우Dachau 강제수용소에 있었죠. 유대인들을 죽이려고 만든 가스실을 연구한 사람 중 한 명이었어요."

"맞아요. 당신은 거기에 대해 어떻게 생각하나요? 매우 효율적이지 않습니까? 군대의 총알을 몇백만 개나 아꼈으니까요."

라셔가 흥미롭다는 듯 이야기했다.

"동시에 몇백만 명의 목숨에 책임이 있죠."

디트리히가 대답했다.

"그들은 어차피 죽을 사람들이었어요. 단순히 그들을 수용할 방이 부족했을 뿐이에요. 그런 때에 독가스는 가장 친절한 방법이었죠. 그들은 그냥 샤워하러 간다고 생각했으니!"

"그 불쌍한 영혼들은 죽을 이유가 없었어요. 그리고 저는 당신이 그들 중 일부에게 했던 실험에 대해서도 알고 있습니다. 그들을 얼어 죽게 했죠. 압력실에 넣기도 했고요."

"하지만 그 실험들을 통해 조종사들과 탐험가들을 도울 만한 정보를 얻을 수 있었습니다. 그건 전 세계에 도움이 될 중요한 연구였습니다. 범죄자 몇 명 죽는 게 대수입니까!"

"저들은 크나큰 고통 속에서 죽어 갔어요. 그리고 유대인 혹은 집시라는 이유로, 또는 지적장애라는 이유 때문에 죽었죠."

"그들은 사회에 쓸모없는 사람들이었어요."

"그걸 당신이 결정하나요? 하나님께서 하시는 게 아니라?"

"모든 건 총통이 결정하십니다!"

라셔가 날카로운 말투로 이어서 말했다.

"어쨌든 반역자는 목사님이에요. 당신은 국가가 가장 필요로 할 때 조국을 버렸습니다. 독일은 지금 전쟁 중입니다! 전 세계가 우리나라에 맞서고 있단 말입니다. 그런데 당신은 정부를 끌어내리려고 하면서 국가를 배신하고 있습니다! 왜 고작 그런 사람들 때문에 독일 전체는 걱정하지 않는 겁니까?"

"제가 유대인과 집시들을 가엾게 여기는 이유는 그들과 함께 지내면서 그들이 겪는 부당함과 고통을 봤기 때문이에요."

"유대인들과 살았다구요?"

라셔가 비웃으며 물었다.

"물론입니다. 제 가족 중에 그리고 교회나 대학 동료 중에 유대인들이 있습니다. 저는 흑인들과도 어울렸습니다."

## 1930

배가 미국 뉴욕New York 항구에 닿자, 맨해튼Manhattan을 더 잘 보기 위해 승객들이 갑판에 모였다.

"우와, 정말 크다. 너무 새로워. 우리가 여기 온 거야, 바로 미국에!"

횃불을 머리 위로 높이 치켜든 거대한 자유의 여신상도 보였다. 여신상의 왕관 부분에서 관광하던 사람들이 배를 향해 손을 흔들었고, 배 위의 아이들도 손을 흔들며 화답했다.

땅에는 유리와 철로 만들어진 괴물 같은 빌딩들이 하늘을 향해 뻗어 있었다. 베를린의 장엄하고 오래된 석조 건물에 익숙하던 디트리히는 현대식 고층 빌딩을 보면서 성경 속 바벨탑이 떠올랐다.

고대 도시에 살던 사람들은 스스로 하늘까지 닿을 수 있는 탑을 짓기로 했다. 그들의 교만한 계획을 끝장내기 위해, 하나님은 그들의 언어를 혼잡하게 하셔서 서로 이해하지 못하게 하셨고, 사람들은 세계 곳곳으로 흩어지게 됐다. 엄청나게 큰 건물들과 셀 수 없이 많은 언어로 가득 찬 뉴욕은 마치 현대 시대의 바벨탑처럼 보였다.

그런데 디트리히가 1년간 교수로 지내던 유니언 신학교 Union Seminary 역시 크게 다르지 않은 것처럼 느껴졌다. 그들은 하나님에 관해 이야기하려고 신학교에 모였을 뿐이지, 하나님을 어떻게 더 잘 따를지에 관해서는 배우려고 하지 않았다. 학생들이 참석하던 교회도 하나님을 진지하게 생각하지 않기는 마찬가지였다. 교회는 그저 품위와 교양을 갖춘 백인들의 모임 장소에 불과했다.

디트리히는 그런 이유로 프랭크 피셔 Frank Fisher라는 한 흑인 학생이 흑인들의 거주 지역이던 할렘 Harlem의 아비시니안 침례교회 Abyssinian Baptist Church로 자신을 초대했을 때 기쁘게 응했다. 디트리히는 젊은 시절 여름철에 바르셀로나 Barcelona에 단기선교차 가서 가난한 사람들이 사는 지역에서 주일 학교를 운영한 적이 있었다. 이 경험을 한 이후부터는 중산층 테두리 밖의 세상이 편하고 익숙했다. 하지만 그런 그도 흑인들만 있는 공간에서 유일한 백인으로 있는 것이 익숙하지는 않았다. 그는 프랭크 곁에 꼭 붙어 있었다. 교회 성도들이 자신을 빤히 쳐다보긴 했지만, 모두가 디트리히를 친절하게 대했다.

그들이 자리에 앉자, 어린 소녀 무리가 디트리히 쪽을 힐끔 쳐다보며 키득거렸다.

"나쁜 뜻은 아니에요, 본회퍼 박사님. 아마도 박사님은 저 아이들이 본 사람 중에서 가장 하얀 사람일 거예요."

프랭크가 생긋 웃으며 말했다.

"내가 모두의 관심을 한 몸에 받고 있는 것 같군. 아마 백인들 사이에 있을 때 자네도 똑같이 느끼겠지."

그러자 프랭크가 고개를 떨구며 말했다.

"아마도 조금 다를 거예요, 박사님."

"프랭크, 그게 무슨 말인가?"

"언제 저와 한번 점심 먹으러 가 보면 알게 되실 거예요. 이제 예배가 시작하는군요."

그곳에서 디트리히가 전혀 들어 보지 못한 음악이 흘러나왔다. 그는 장엄한 오페라나 협주곡에 익숙했는데, 흑인 가스펠 음악은 닫혔던 무덤의 돌이 굴러가듯 그의 마음을 움직였다. 음악은 때로 슬프게 시작했는데, 예수님과 천국에 대해 노래하면서 하모니는 점점 소망을 노래하기 시작했다. 성가대가 손뼉 치며 춤을 췄고, 회중도 따라 했다. 완벽한 하모니에, 디트리히의 입이 떡 벌어졌고 팔과 목의 털이 쭈뼛 섰다. 그는 자신도 모르는 사이에 사람들을 따라 손뼉을 치고 있었다. 디트리히는 자신에 대해 잊어버리고 그가 찬양하는 예수님만 떠올렸다.

"믿을 수 없는 찬양이었어! 예배가 늘 이런 식인가?"

디트리히는 흥분해서 프랭크에게 속삭였다.

"설교가 다 끝날 때까지 기다려 보세요."

프랭크가 미소 지으며 말한 순간, 파월Powell 목사가 설교단 위에 섰다. 그는 나이가 지긋한 백발의 남성이었는데, 위엄 있는 모습과 편안한 목소리에서 그의 내면의 힘이 드러나 보였다.

"여러분 중에 가난한 사람이 있습니까?"

그 질문에 대부분이 손을 들었다.

"여러분 중에 애통해하는 것이 무엇인지 아는 분 계십니까?"

이번에도 사람들이 손을 들었다.

"여러분 중에 온유한 사람이 있습니까? 의에 주리고 목마르십니까? 좋습니다! 여러분도 보시듯이, 성경에는 이미 부유하고 풍족한 사람들, 즉 이 세상이 주는 것만으로 행복한 사람들을 위한 약속의 말씀은 없습니다. 부자가 하나님의 나라에 들어가는 것이 왜 그렇게 어렵습니까 마태복음 19:24? 부자는 아쉬울 것이 없기 때문입니다! 부자가 가난이나 애통, 온유에 대해 하나라도 아는 것이 있습니까? 그런 그가 예수님께 무엇을 달라고 부르짖겠습니까? 만일 여러분이 씻을 필요가 없다면, 먹을 필요가 없다면, 구원받을 필요가 없다면, 어떻게 예수님을 사랑할 수 있겠습니까?"

디트리히는 이 설교를 들으면서 숨을 쉴 수 없었다. 그는 지금까지 살면서 무엇 하나 원해 본 적이 없었다. 그는 예수님께 어떤 것도 구하지 않았다. 그는 설교는 할 수 있었지만, 어떻게 기도해야 하는지를 몰랐다. 또한 하나님을 믿었지만, 자신이 구원받아야 한다는 사실을 몰랐다.

"당신은 예수님께로 올 수 없습니다."

디트리히는 설교가 자신을 향하고 있는 것 같았다.

"당신이 가난하고, 애통하고, 온유하고, 주리지 않는 이상 예수님께로 올 수 없습니다. 볼 수만 있다면, 세상 모든 사람의 영혼이 그렇다는 걸 알게 될 겁니다. 우리는 마치 아기처럼 스스로 아무것도 할 수 없습니다. 모든 영혼에게는 예수님이 필요합니다."

"맞습니다, 할렐루야!"

감격한 회중이 열광했다. 그리고 새로운 찬양을 부르기 시작했다. 사람들은 자리에서 일어났지만, 디트리히는 굳은 채로 의자에 앉아 있었다. 그는 이미 구원, 속죄, 희생이라는 큰

주제를 모두 이해하고 있었다. 그런데 불현듯 하나님의 힘이 진짜고, 예수님께서 그를 위해 돌아가셨으며, 그 예수님께서 지금은 그에게 더는 자신의 방식대로 살지 말고 예수 그리스도께 모든 것을 드리라고 요구하고 계심이 느껴졌다.

교회를 나오는 길에, 파월 목사가 디트리히와 악수하며 말했다.

"여기에는 당신 같은 부류의 사람은 별로 없습니다."

"백인을 말씀하시는 건가요?"

"유니언 신학교 사람이요. 가스펠 음악은 당신에게 그다지 친숙한 음악이 아니니까요."

파월 목사가 방긋 웃으며 말했다.

"그런데 목사님, 혹시 이 교회에 새로운 주일 학교 선생님이 필요하지는 않나요?"

디트리히가 긴장된 표정으로 천천히 말했다.

"만일 당신이 일하기 원한다면 자리를 만들 수 있을 겁니다."

디트리히는 그제서야 활짝 웃었다. 이것이 하나님께 드리는 그의 첫 번째 진짜 사역이었다.

## 1945

"흠, 당신의 원시인 친구들은 유쾌한 무리였던 것 같군요."

라셔가 말했다.

"원시인이라고요? 라셔 씨, 검은 피부를 가졌다는 이유로 흑인들을 무시하는 건 옳지 않아요. 프랭크는 제가 가르친 것 이상으로 제게 많은 걸 알려 준 학생이었습니다."

"이를테면 어떤 거죠?"

"예수님은 실제로 존재하신다는 사실입니다. 그때 당시 저는, 유럽의 고상한 가정에서 태어난 나이 어린 신학 박사였습니다. 그런데 제가 흑인 학생에게서 예수님께서 실재하신다는 걸 배운 겁니다. 제가 어떻게 배웠는지 압니까?"

"전혀 모르겠군요."

라셔가 퉁명스럽게 대답했다.

"저는 바닥에서부터 예수님을 바라봐야 했습니다. 수치심의 자리, 갈구함의 자리, 고통의 자리에서 말이에요. 그전까지 저는 예수님을 단지 공부하고 설명해야 하는 대상으로만 생각했습니다. 저는 신학자였지 기독교인이 아니었던 겁니다. 저는 먼저 순종하는 법을 배워야 했습니다."

"그렇다면 당신이 말하는 소중한 순종에 관해 제게 한 가지를 설명해 줄 수 있겠군요. 성경은 '각 사람은 자신 위에 있는 권세들에게 복종하라'로마서 13:1고 말씀하지 않던가요?"

"맞습니다."

"그러면 총통에게 맞서는 음모를 꾸민 당신의 행동을 어떻게 정당화할 수 있습니까?"

"저는 자신을 정당화할 수 없습니다. 그 일에 대해서나 어떤 것에 대해서도요."

"뭐라고요?"

라셔가 눈살을 찌푸렸다.

"무엇이 옳은지는 하나님께서 정하십니다. 그렇기에 저는 하나님께서 용납하셔야 용납받을 수 있습니다. 하나님은 예수님께서 하신 일 때문에 그렇게 하실 수 있는 분입니다. 제 어떤 행동 때문에 하시는 게 아니고요. 어느 날 하나님께서 제게 스스로 변명해 보라고 하신다면, 저는 그저 예수님을 가리키겠습니다. 당신은 어떻게 하겠습니까?"

## 신학을 가르치는 방법

화가 잔뜩 난 라셔가 쿵쾅거리며 떠난 후, 늑대가 디트리히에게 다가오며 조심스럽게 물었다.

"이게 다 무슨 일이죠?"

"아, 제가 라셔에게 하나님의 나라가 가까이 왔으니 회개하라는 조언을 해 줬거든요. 그가 받아들일지는 잘 모르겠지만요."

늑대가 큰 소리로 웃었다.

"제가 지난 며칠간 지켜보니, 당신은 사람들이 듣기 싫어할 내용을 정확하게 찾아내서 말해 주는 재주를 가졌더군요."

"저는 사람들이 들어야 할 이야기를 한다고 생각합니다."

"그렇다면 제가 들어야 할 이야기는 무엇입니까?"

"제가 알게 되면 그때 말씀드리겠습니다."

"어쩌면 저한테는 소리쳐야 할지도 몰라요. 저는 듣는 걸 잘 못 해서 차라리 하지 않는 게 나을 테니까요."

"소리치는 건 말하는 방법이 아니죠. 그게 제가 경험에서 배운 한 가지 교훈입니다."

## 1932

디트리히는 뉴욕에 있다가 또 다른 견신례 교육을 받기 위해 베를린에 있는 교회로 가게 됐다. 그 지역은 베를린 도시 안에서 가장 가난한 곳 중 하나였다. 견신례란 아이들이 성경의 거룩한 진리를 이해하고 받아들인다는 것과 교회의 정식 구성원으로서 준비가 됐다는 것을 보여 주는 의식이었다. 하지만 대다수 부모님은 아이들을 길거리가 아닌 안전한 어딘가에 보내기 위해 견신례 교육에 참가시켰다.

첫날 수업을 앞두고 디트리히는 아이들을 다시 가르친다는 기대감으로 가득 차 있었다. 그는 주일 학교 수업을 너무 사랑했기에 이번 수업도 보람되길 소망했다. 그런데 건물 밖에서 화가 잔뜩 나 있는 나이 든 사역자가 디트리히에게 다가왔다.

"새로 오신 동역자님이신가요?"

그가 거의 소리치듯 물었다. 그때 두 층 위에서 엄청나게 큰 소음이 들렸는데, 그곳은 남자아이들이 수업을 위해 모여 있는 곳이었다.

"네, 제가 디트리히 본회퍼입니다!"

"그렇다면 주일 학교에 오신 것을 환영합니다. 제 조언을 새겨들으시고 회초리를 아끼지 마세요. 체벌은 이곳 아이들이 이해할 수 있는 유일한 언어입니다."

디트리히는 그 말을 무시했다.

"아이들이 지금까지 무엇을 배웠나요?"

"아이들이 배운 거요?"

사역자는 피식 웃고는 디트리히를 건물 안으로 인도했다. 처음에는 오렌지 껍질이 날아왔고, 그다음에는 냄새나는 축축한 치즈 조각이 날아왔다. 발밑에 뭔가가 으스러지는 느낌이 들어 신발 밑을 보니 부서진 분필 조각들이 있었다. 디트리히가 계단을 올려다보니 수십 명의 지저분한 얼굴들이 히죽거리며 그를 내려다보고 있었다. 이번에는 오래된 빵 껍질이 날아와서 하마터면 그의 안경이 거의 벗겨질 뻔했다. 나이 든 사역자는 계단을 쿵쿵 올라가며 소리치고 있었다. 디트리히는 이를 꽉 물고 침착하게 계단을 올랐다. 사역자는 계단 꼭대기에 다다르자 회초리로 바닥을 치며 아이들을 교실 안으로 몰아넣었다.

"조용히 하고 자리에 앉아라! 이분은 너희를 가르칠 새로운 선생님, 디트리히 본회퍼 목사님이시다."

"본! 본! 본! 본!"

아이들이 손바닥으로 책상을 두드리며 새로운 선생님의 별명을 불렀다.

"이제부터는 당신이 감당할 몫입니다."

사역자가 말을 마치더니 문을 쾅 닫고 나갔다. 디트리히는 주머니에 손을 넣은 채로 자신의 새 학급을 조용히 바라봤다. 의자에 앉아 있는 아이, 책상에 앉아 있는 아이, 책상에 올라서 있는 아이, 창문에 매달려 밖을 향해 소리치는 아이, 서로 밀치고 있는 아이. 아이들은 하나같이 지저분하고 시끄러웠다. 사역자는 디트리히에게 아이들을 체벌하라고 했지만, 소용없어 보였다. 디트리히는 원기 왕성한 남자아이들과 어떻게 소통할 것인가를 생각해 봤다. 아이들을 얌전하게 앉도록 유도하는 것이 무엇인가? 그건 바로 이야기다. 디트리히는 일부러 조용한 목소리로 이야기를 시작했다.

"난 올해 뉴욕시에서 지냈단다. 나는 백인들과 살았지만, 종종 흑인 사회에 가서 예배드리며 시간을 보냈단다. 그들은 할렘이라는 가난한 지역에서 열심히 일하며 살고 있단다."

아무도 디트리히에게 집중하지 않았지만, 그의 이야기를 들으려고 근처에 있던 소년 한두 명이 의자에 앉았다.

"그곳에는 프랭크라는 흑인 학생이 한 명 있었는데, 한번은 점심을 먹으러 식당에 같이 갔단다. 신학교 근처에 슈니첼(편집자 주: 독일식 고기 튀김이다)을 파는 식당이 있었는데, 프랭크에게 독일 음식 맛을 보여 주고 싶었거든. 우리가 빈자리를 찾아 둘러보는데, 갑자기 모든 손님이 입을 다물고 우리를 쳐다보고 있었단다. 내가 뭔가 잘못한 느낌이 들었지."

"거기, 좀 조용해 봐! 이야기 좀 듣자!"

이제 앞줄은 이야기를 들으러 온 소년들로 가득 찼다. 그중 한 명이 뒤에서 시끄럽게 하는 학생들에게 연필을 던졌다. 디트리히는 조용히 이야기를 이어 나갔다.

"나는 그들이 새 손님을 보는 일이 흔치 않은가 보다 하고 생각했어. 어쨌든 우리는 계산대로 갔고, 식당 직원이 우리에게 다가왔단다. 내가 슈니첼을 주문하고 프랭크가 닭튀김을 주문하자, 직원이 프랭크를 똑바로 바라보며 이렇게 말했단다."

집중한 소년들이 몸을 앞으로 숙였다.

"닭튀김은 다 떨어졌어요."

"그럼 어떻게 해요? 슈니첼을 두 개 시켰나요?"

"직원은 가게에 슈니첼이 딱 하나 남았다고 이야기했어. 그래서 나는 '슈니첼은 내 친구에게 양보하고 저는 햄버거를 먹을게요'라고 말했더니 그 직원이 말했어."

이제 모든 아이가 디트리히의 이야기에 완전히 빠져들었다.

"슈니첼이 지금 막 떨어졌어요."

"훌륭한 직원은 아닌 것 같네요."

소년 하나가 소리쳤다.

"나는 영문을 몰라 어리둥절했단다. 그러자 직원이 이렇게 말했지. '이보세요, 당신은 원하는 걸 뭐든지 먹을 수 있어요.

그렇지만 이 식당 주방에는 당신이 데려온 흑인 소년을 먹일 음식은 없다고요.' 너희도 알다시피 미국인들 중에는 그런 식으로 말하는 사람들이 있잖니. 하지만 독일에서 인종 때문에 그런 일이 일어난다는 게 어디 상상이나 되겠니?"

소년들은 동시에 침묵했다.

"그래서 내가 어떻게 했냐고? 나는 그 직원에게 더 마음씨가 넓은 식당을 찾아가겠다고 말하고는 프랭크와 문을 박차고 나왔지. 그곳에 다시는 가지 않았어. 아무리 슈니첼이 그리워도 말이다."

"그래서 다른 식당에 갔나요?"

"흠, 그러려고 했지. 프랭크에게 어느 식당에 갈지 물었더니 프랭크는 백인 동네의 모든 식당이 자신에게 닭튀김은 주지 않을 거라고 했어. 프
랭크는 우리가 식당에 들어가면 무슨 일이 일어날지 이미 알고 있었던 거야. 그게 어떤 건지 내가 직접 보기를 원했던 거지."

"그래서 점심은 어떻게 됐어요?"

누군가 외쳤다.

"운 좋게 핫도그 집을 발견했지. 뉴욕에서도 핫도그는 누구에게나 팔더구나! 그런데 나는 궁금한 게 하나 생겼단다. 백인이 흑인을 이렇게 대하는데, 프랭크와 아비시니안 교회 사람들은 나를 왜 그토록 친절하게 대해 줬는지를 말이야."

"그 이유가 뭐였죠?"

앞줄에 있는 소년 하나가 물었다.

"음, 그건 바로 예수님께서 원수를 사랑하라고 하셨기 때문이란다. 그리고 그들이 앞으로 나아갈 유일한 방법은 차별하는 사람들을 친절함과 겸손함으로 대함으로써 승리하는 것이었단다. 백인들은 흑인들을 학대할 힘이 있었지만, 흑인들이 증오로 대응하게 만들지는 못했지."

교실은 시계의 '똑딱' 소리가 크게 들릴 정도로 고요해졌다.

"수업은 여기까지다. 다음 시간에 얌전하게 군다면, 뉴욕에서 겪었던 다른 이야기를 해 주마. 그러고 나서 교리 문답에 대해 생각해 보도록 하자."

## 1945

"저는 계속 그런 식으로 수업을 했어요."

디트리히가 말했다.

"아이들에게 뉴욕 이야기를 해 주고, 제가 알고 있는 흑인 가스펠 음악을 같이 노래하고, 요한계시록을 펼쳐서 몇몇 흥미롭고 무서운 구절을 읽었죠. 그때쯤엔 아이들이 제가 무슨 이야기를 하든지 듣고 싶어 했습니다. 저는 아이들과 따로 만나서 저녁을 먹으면서 성경, 믿음 그리고 아이들의 고민에 관해 진지한 대화를 나눴습니다. 아이들은 저를 신뢰하기 시작했고, 저는 아이들이 예수님 이야기에 몹시 굶주려 있었다는 걸 깨달았습니다. 돌이켜 보면, 그때가 제가 가르친 최고의 신학 수업이었던 것 같아요."

늑대가 빙긋 미소 지었다.

"당신은 그렇게 해서 제멋대로인 아이들을 길들이셨군요. 그나저나 불과 얼마 전까지 독일에서 다른 인종이 환영받았다는 말이 사실입니까? 포로수용소에서 수많은 사람이 인종 때문에 죽임당한 것을 생각하면 정말 상상하기 힘든 일이군요."

"그게 바로 증오가 독일 사람들의 본성이 아니라는 증거입니다. 15년 전에는 독일에서 흑인과 백인이 서로 친구가 될 수 있었습니다. 하지만 이제는 식당에 두 사람이 같이 들어간다면, 흑인은 흑인이라는 이유로 죽임을 당할 뿐만 아니라, 백인은 흑인과 친구였다는 이유로 죽임을 당할 거예요. 어쩌면 제가 나치에 대항해서 했던 일을 비롯해 저항 세력을 위해 했던 모든 일 중에 가장 중요한 일은 이렇게 아이들에게 가르치는 일이었을 겁니다. 나쁜 것은 나치가 아니라 증오라는 것 말입니다."

"친애하는 목사님, 저는 당신이 할 만큼 했다고 말하고 싶군요."

디트리히가 고개를 저었다.

"저는 10년 동안 이 악마 같은 정부를 막는 일에 헌신해 왔습니다. 만일 심판의 날이 내일 새벽에 온다면, 저는 더 나은 미래를 위해 일하는 것을 기꺼이 멈추겠습니다. 하지만 그전에는 결코 아닙니다."

편지

밤 10시쯤이었다. 불 꺼진 어두운 방에서 죄수들은 침대 곁에 서서 이야기하거나 서로 책을 교환하기도 하고 차례로 화장실을 다녀왔다. 그러다 결국 모두가 침대에 누웠다. 그들은 긴 여행과 활동으로 너무 피곤했던 나머지 바로 잠이 들었다.

연합군 비행기가 '붕' 하고 시끄럽게 지나갔고, 때때로 멀리서 폭탄 터지는 소리가 들려왔지만, 그들에게 이런 소리는 거의 귀뚜라미 울음소리처럼 자연스러운 자장가였다.

그런데 갑자기 방에서 엄청나게 큰 소리가 났다. 곤히 자던 죄수들은 화들짝 놀라서 일어났다.

"폭탄인가? 아니면 총소리?"

그때 달빛에 겁쟁이가 놀라서 땅바닥에 멍하게 앉아 있는 모습이 보였다.

"이봐요, 괜찮아요? 당신 침대가 망가진 것 같군요!"

늑대가 말했다.

"여기 봐요. 침대 바닥 부분의 절반이 없네요."

디트리히가 겁쟁이의 매트리스를 가리키며 말했다.

"틀림없이 전쟁 보급품으로 쓰였겠지! 군대에서 나무가 더 필요했던 거야!"

어둠 속에서 누군가 외쳤다.
그들은 함께 침대를 원래대로 돌려놓았고, 겁쟁이는 조심하며 다시 자리에 누웠다. 한바탕 크게 웃었던 사람들이 모두 자리에 누웠을 때, 요란한 소리와 함께 침대가 무너지는 소리가 또다시 들렸다. 이번에는 늑대가 바닥에 떨어져 있었다. 그렇게 한차례 소동이 더 있고 나서야 마침내 방 안은 조용해졌고

코 고는 소리만 가득했다.

하지만 디트리히는 다시 잠들 수가 없었다. 밖이 너무 시끄러워서인지, 아니면 배고픔에 속이 쓰려서인지는 몰라도 잠이 완전히 달아나 버렸다. 2년 동안 이런 소음에 제법 익숙해졌지만, 오늘은 유난히 이 소리들이 선명하게 느껴졌다.

'어떤 소리가 더 큰 걸까? 비행기일까, 아니면 내 배 속일까?' 디트리히는 이런 생각을 하며 머릿속으로 편지를 하나 써 내려갔다.

---

보고싶은 마리아에게,

평화로운 날이에요. 당신이 나를 많이 걱정하고 있다는 걸 알아요. 당신이 오늘 나와 함께했던 별난 사람들과의 즐거운 시간, 그들이 주고받은 농담, 그리고 한 '범죄자'가 다른 범죄자에게 보이는 친절함을 봤다면 얼마나 좋았을까요.

우리가 있는 임시 수용소는 학교인데, 경치가 아주 좋아요! 고요한 숲속 골짜기에 있는데, 당신과 지내던 곳에서의 평화로움이 느껴지는 것 같아요. 우리가 같은 풍경을 보고 있다면 좋겠어요.

나는 데살로니가전서를 읽다가 이런 내용을 봤어요.

"나는 너희와 같이 있고, 죽음까지도 함께하겠다."

내게는 당신이 그래요. 내가 어디에 있든, 어떤 상황이든 당신은 항상 나와 함께 있어요. 당신이 나를 그저 지루한 어른으로 여기며 나를 좋아하는 감정을 인정하지 않던 때와 내가 당신을 그저 어린 여동생으로 생각해야 한다고 믿었던 때가 떠올라요. 당신이 나를 본회퍼 목사님 대신 디트리히라고 부르는 걸 상상도 못하던 때였죠! 하지만 당신이 마침내 "디트리히"라고 부르는 걸 들었을 때, 그때보다 내 이름이 좋았던 적은 없어요.

이상하게 생각할지 몰라도 당신 할머니의 간섭이 없었다면, 나는 당신에게 청혼할 용기를 내지 못했을 거예요. 그리고 정말 이상하게도 당신의 어머니께서 우리의 교제를 막지 않으셨다면, 당신은 절대로 내 청혼을 받아들일 결심을 하지 못했을 거예요. 두 분의 간섭이 유쾌하지는 않았지만, 하나님의 여인들이 우리 반대편에서 한 일들은 하나님께서 그분들을 통해 우리에게 일하신 것이었다고 생각해요.

이곳에서 최악의 상황을 겪을 때, 먹을 것이 없거나 잠을 잘 수 없고, 악질의 경비병이 나를 조롱하고 위협할 때면, 나는 당신이 얼마나 어리고 철없을 수 있는지에 관해 나에게 했던 작은 '경고'를 생각해요. 당신이 밤새도록 강아지와 함께 정원을 산책하거나, 아무 이유 없이 드레스를 꺼내서 입거나, 혼자서 내가 있는 감옥에 크리스마스 트리를 질질 끌고 오는 일 말이에요.

당신은 그런 경고로 나를 떨어뜨려 놓을 수 있을 거라고 생각했죠. 하지만 그건 오히려 당신과 결혼하고 싶은 큰 이유가 됐어요. 당신은 내가 철없는 행동을 할 수 없으리라 생각했겠죠? 사실 그럴 기회가 많지는 않지만, 우리가 자녀들과 함께 철없는 행동을 한다면 그건 얼마나 즐거운 일일까요. 그날이 오면 우리는 떨어져 지낸 이 시간을 잊어버릴 수도 있을 거예요. 지금 이 헤어짐의 시간이 우리를 더 가깝게 만들 거라고 믿어요.

사실 솔직하게 말하면, 나는 당신이 동정심에 결혼을 승낙한 게 아닐까 걱정을 했어요. 이제는 그런 게 아니라 당신도 나와 같은 마음이라는 걸 알아요. 우리는 서로에게 속해 있다는

걸 알았고, 지금은 그 어느 때보다 확신해요.[1]

그동안 그려 왔던 당신과 함께하는 미래는 여전히 내 눈앞에 있어요. 당신과 더는 편지를 주고받지 못하지만, 나는 늘 우리의 결혼식을 상상해요. 당신의 모든 소소한 계획들을 말이에요. 당신이 고른 가구들로 채워진 우리의 집이 머릿속에 그려져요. 하얀 면사포를 쓴 당신의 얼굴이 그림처럼 보여요.

지금은 토요일 자정이에요. 이제는 잠들 수 있을 것 같아요.

나의 모든 사랑을 담아,

디트리히가

---

1) 이 문장만은 디트리히의 글을 직접 인용한 것이다. 정치범이었던 디트리히는 가족과 약혼자에게 편지를 보내는 게 허락됐고(철저히 검열을 받았지만), 이 가상의 편지는 결혼하기까지의 내밀한 사항 그리고 그들 관계에 마리아의 친지가 간섭한 것 등 둘이 진짜로 주고받은 편지에서 언급된 몇 가지 내용을 담고 있다.

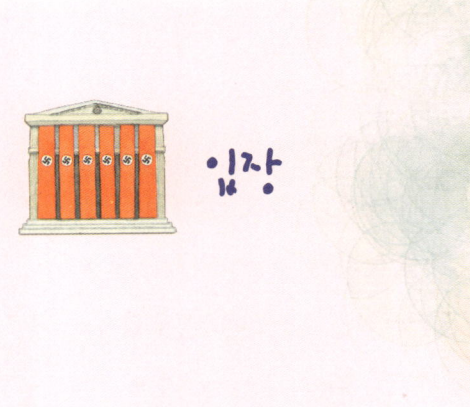

입장

 몇 달, 아니 몇 년 만에 처음으로 죄수들은 편안한 몸 상태로 깨어났다. 하얀 이불은 누구도 포옹해 주지 않는 이곳에서 따스하게 안기는 느낌을 줬다.
 디트리히에게는 아침이 오면 떠올리던 생각이 있었다. 그건 바로 '어쩌면 오늘이 그날일지도 몰라!'였다. 어쩌면 그가 풀려나는 날이 오늘일지도 모른다. 혹은 히틀러가 암살되거나 이기나긴 전쟁이 끝나는 날일 수도 있다. 어쩌면 그날은 역사상 가장 위대한 날, 바로 예수님께서 다시 오시는 구원의 날인지도 모른다.
 디트리히는 시계를 확인했다. 아침 여섯 시가 얼마 남지 않은 시각이었다. 여섯 시가 되면 마리아는 오늘의 성경 구절을 읽고, 공부하고, 디트리히를 위해 기도할 것이다. 디트리히는 마리아가 지금 어디에 있는지 모르지만, 자신의 부모님과 함께 있다고 생각하는 것이 가장 마음이 편했다. 사실 디트리히는 몇 달째 마리아의 편지를 받지 못했다. 그녀는 지금 끔찍한 두려움 속에서 지내고 있을 것이다. 하지만 어쩌면 오늘이 그날일지도 몰랐다.

디트리히가 성경 읽기와 기도를 끝낼 즈음, 늑대는 사령관에게 화를 내고 있었다.

"그래도 이건 너무하지 않소! 우리는 사흘 동안 고작 감자 몇 개 말고는 먹은 게 없단 말이오."

"늑대 씨."

"베스트 대위 Captain Best 라고 부르시오."

"저는 죄송하다는 말씀밖에 드릴 게 없습니다. 저희들도 오늘 아침 식사를 걸렀습니다. 그래도 오후에 오토바이 한 대를 구해 마을에 가서 음식을 가져올 생각입니다."

"20명을 위한 음식을 고작 오토바이 한 대에 가져온다는 말이오? 당신들을 위한 음식이라면 몰라도 우리를 위한 건 없을 테지."

"장담하는데, 우리가 준비를 마치는 건 시간문제일 뿐입니다. 부디 조금만 더 기다려 주세요."

"우리 상태가 더 심각해지는 것도 시간문제일 뿐이오!"

"대위님, 우리는 모두 한배를 타고 있습니다. 솔직히, 대위님이 제 부하보다도 더 나은 배급을 받고 계십니다. 정치범으로서 대위님은 개인 물품을 가지실 수 있지만, 군인인 제 부하들은 군복 말고는 가진 게 거의 없습니다."

"이보시오, 그럼 적어도 뜨거운 물이라도 주면 커피라도 마실 수 있지 않겠소."

늑대가 한숨을 쉬며 말했다.

"알겠습니다, 베스트 대위님."

사령관은 조용히 문을 닫고 나갔다. 자리로 돌아오는 늑대의 얼굴은 피곤해 보였지만 화가 나 있지는 않았다. 그때 그가 전기면도기를 들어 올리며 말했다.

"여기 전기 콘센트가 있습니다. 면도하고 싶은 신사 분은 어서 오십시오."

"늑대 씨가 전기면도기를 갖고 있을 줄이야! 우리가 굶어 죽더라도 적어도 문명인처럼은 보이겠군요."

디트리히가 웃음을 터뜨리며 말했다. 그리고선 영어로 이렇게 덧붙였다.

"옷을 차려입었지만 갈 곳이 없다."

"영어를 할 줄 아네요? 당신이 미국에 있었던 건 아는데, 혹시 영국에도 가 봤습니까?"

"오, 그럼요. 독일에서 환영받지 못한다고 느낄 때 여러 번 방문했습니다."

## 1933

베를린에서 가장 오래된 건물 중 하나인 성 니콜라스 교회St. Nicholas Church에는 찬송 작곡가인 파울 게르하르트Paul Gerhardt와 그의 친구 프란츠 힐데브란트Franz Hildebrand가 새 목회자로 취임될 예정이었다. 그들은 종종 토론하기를 좋아했는데, 나치당이 얼마나 끔찍한지에 대해 그리고 독일 교회로 하여금 나치의 정책을 따르도록 얼마나 강하게 강요하는지에 대해서는 완전히 의견이 같았다. 유대인 혈통은 누구도 교회의 성직자가 될 수 없다고 명시한 아리아인 조항Aryan Paragraph에 대해서는 두 목사가 함께 반대 의견을 펼쳤다. 프란츠는 유대인이었다.

예배 후, 디트리히는 프란츠와 악수를 하며 말했다.

"자네가 잘 해낼 거라고 믿어, 프란츠. 누가 자네에게 성경에 관한 어려운 질문을 하거든 꼭 나를 찾아오게. 내가 돕겠네!"

이에 프란츠가 응수했다.

"사람들은 자신들의 목사가 자네가 아니라 나라는 사실에 감사하겠지."

"자네는 내가 성경 문제를 복잡하게 만든다고 말하는 건가?"

이에 프란츠가 칭찬하듯 말했다.

"그게 아니라, 자네는 사람들이 듣고 싶지 않은 걸 말해 주는 데 천부적인 솜씨가 있다는 말이네!"

"프란츠, 난 사실 히틀러에게도 몇 가지를 말해 주고 싶어."

그들은 그 도시에서 크지만 가난한 교회를 섬기고 있는 나이가 지긋한 마르틴 니묄러 Martin Niemoller 목사를 만났다.
니묄러 목사가 말했다.

"프란츠, 자네가 독일 교회의 목회자가 됐다고! 나는 자네가 그 자리를 잘 유지했으면 하네."

프란츠가 말했다.

"나치는 독일 사람들에게 유대인 성직자를 싫어하게 만들고 있습니다. 다행히 회중은 그다지 동요하고 있지 않지만요."

"이건 그들과 싸우기 가장 좋은 방법이라네. 누구도 그들의 뜻을 지지하지 않는다는 사실을 드러내는 걸세. 아무 일도 없었던 것처럼 목회를 하게. 그러면 그들은 분노하게 될 걸세."

니묄러 목사가 말을 끝내자, 디트리히가 나섰다.

"목사님, 저는 그 의견에 동의하지 않습니다. 이제는 행동을 취해야 합니다. 내일이면 '독일 기독교인'이라고 불리는 사람들이 베를린 대학에 모일 겁니다. 그들은 뮐러Muller를 공식적인 신임 국가 교회 감독 후보에 올릴 겁니다. 만일 그 멍청이가 교회를 감독하게 되면, 교회는 공격을 받게 될 거고 그때는 누구도 이 정부로부터 교회를 지킬 수 없게 될 겁니다."

니묄러 목사가 동의하며 말했다.

"아마도 독일에서 참된 복음을 공개적으로 전하는 일이 금지되겠지. '독일 사람들은 연약한 모든 것을 혐오한다'라는 주장과 '은총이라는 사상은 비독일적이다'라는 주장까지, 뮐러의 악한 신학 이론을 생각하면 그렇겠지."

프란츠가 디트리히에게 물었다.

"디트리히, 자네는 내일 그 회의에서 어떤 발언을 할 건가?"

이에 디트리히가 대답했다.

"나는 행동으로 발언할 걸세. 그들이 뮐러를 후보로 올리는 동시에 나와 내 학생들은 자리를 뜰 거네."

다음 날 열린 회의는 그들의 예상대로였다. 성직자와 신학생들 사이에 나치 장교 여럿이 와 있었다. 친나치주의자들이 나치 식으로 팔을 뻗어 인사했지만, 디트리히와 그의 학생들은 이에 항의하며 일어서서 퇴장하기 시작했다. 순식간에 청중 대부분이 항의자들의 편이 된 것이다!

그들은 밖으로 행진했고 철학자 헤겔 Hegel 동상 주변으로 모였다. 디트리히가 흥분된 목소리로 말했다.

"지금과 같은 일이 1843년 스코틀랜드 Scotland에서도 있었습니다. 스코틀랜드 교회는 정부가 교회 일에 지나치게 간섭하

자, 의회에서 퇴장함으로써 자유 교회를 만들었습니다. 오늘의 이 퇴장이 독일 교회 전체에 새로운 시작이 될 수 있습니다!"

독일의 권위 있는 신학자이자 디트리히의 친구 카를 바르트는 이 견해에 대해 이렇게 말했다.

"자네가 지금 무슨 말을 하고 있는지 알기는 하는 건가? 이 나라 교회 전체를 그렇게 갈라놓을 수는 없네. 이건 최후의 수단이어야 해. 먼저 우리가 참된 교회임이 명확해야 하고, 그들이 우리에게서 떨어져 나간 것이 분명해야 한다는 말이네."

"하지만 유대인이 아닌 백인들만 교회 공동체에 소속될 수 있다는 주장보다 더 비성경적인 주장이 있겠습니까? 우리가 모든 독일 사람을 위한 교회가 될 수 없다면, 어떻게 우리 스스로를 국가 교회라고 말할 수 있겠습니까?"

디트리히가 묻자, 옆에 있던 프란츠가 말하기 시작했다.

"사실 우리는 그동안 계속 고민해 왔습니다. 어쩌면 지금이 진실을 위해 나설 기회일지도 모릅니다. 우리는 성경 말씀을 두고 논쟁이 있었던 초창기 교회처럼 의회를 소집할 수도 있습니다. 현재 나치의 잔인무도한 정책에 관해 논쟁하지 않을 수는 없습니다. 우리가 이렇게 행동할 때 그들의 터무니없는 정책은 무산되리라고 생각합니다."

디트리히가 열성적으로 말을 보탰다.

"만일 그들이 이것도 무시한다면 교회는 파업에 들어갈 겁니다! 그렇게 되면 결혼식도, 장례식도, 세례도, 예배도 중단될 거고, 보수적인 교회 신도들은 분노하겠죠. 수천 명의 사람이 주일 아침에 굳게 닫힌 교회 문을 본다면 어떨지를 상상해 보십시오. 아마 다들 혼란에 빠질 겁니다. 우리는 그때 혁명의 불꽃을 일으킬 수 있습니다! 그 불꽃이 나치를 포기하게 하고, 교회를 향한 간섭을 멈추게 할 겁니다."

열띤 토론이 일단락되고 카를 바르트가 자리를 떠났다.
가만히 듣고 있던 니뮐러 목사가 말했다.

"젊은이들, 상상은 그쯤에서 멈추게. 우리는 일단 '아리아인 조항'이 어떤 결과를 낼지 봐야 하네. 나치 세력들은 교회

일에 개입하기 위해 최선을 다할 테지만, 나는 히틀러가 합리적인 사람이라고 확신한다네. 어딘가에서 오해가 있었던 게 분명해. 그가 바로 잡을 걸세. 내가 그에게 알현을 청했네."

그 말에 충격을 받은 디트리히가 말했다.

"목사님은 상황을 제대로 보지 못하고 계시군요! 그는 자신과 반기독교 정책에 반대하는 사람이 독일에서 모두 사라질 때까지 만족하지 않을 겁니다."

"하지만 히틀러는 독일에 좋은 일을 했네. 우리 경제와 국가의 자부심에도 기여한 바가 크다네."

니묄러 목사가 주장했다. 그때 한 학생이 소리쳤다.

"맞아요! 우리는 교회 일에 간섭하는 정부에 반대할 뿐이지 정부 자체를 반대하는 건 아니에요!"

다른 학생이 나치 식으로 경례하며 소리쳤다.

"우리는 총통을 반대하지 않아요! 우리는 기독교인이지만, 애국자이기도 합니다. 히틀러 만세!"

디트리히와 프란츠는 그들과 함께 퇴장한 모든 학생이 나치식 경례를 하는 것을 보고 충격에 휩싸였다.
프란츠가 말했다.

"마치 독일 전체가 히틀러가 된 것 같군!"

그러자 디트리히가 단호하게 말했다.

"모두 눈이 멀었어. 하지만 저들도 영원하지는 않을 거야."

## 1945

"그러면 그날 교회가 새로운 시작을 한 건 아니군요."

늑대가 말했다.

"그렇죠. 하지만 히틀러는 하나님의 사람들을 오래 속이지 못했습니다. 아리아인 조항이 시행되면서 유대인 목사님들은 교회를 떠나야 했어요. 그제서야 히틀러를 옹호하던 목회자들도 그 결정에 반대했죠. 하지만 나치는 거기서 멈추지 않고 구약 말씀이 유대인 민족의 이야기이므로 폐기해야 하며, 십자가에 달리신 예수님께서 나약한 모습을 보이신 부분 역시 폐기해야 한다고 주장했어요. 그러자 성경을 제대로 가르치기 위해 결심한 목회자들이 고백교회 Confessing Church를 만들었죠."

디트리히는 여기까지 말하고 잠시 쉬었다가 말을 이었다.

"니묄러 목사님은 히틀러를 알현했지만 그가 얼마나 미치광이인지 아셨고, 얼마 후 반나치 활동을 했다는 죄목으로 체포되셨습니다. 몇 달 전에 감옥에서 만났을 때, 목사님은 악을 좀 더 일찍 알아채지 못한 것을 후회하셨고, 그 내용을 시로 남기셨어요."

> 그들이 공산주의자들을 제거하러 왔을 때, 나는 침묵했다.
> 나는 공산주의자가 아니었기에.
> 그들이 노동조합원들을 제거하러 왔을 때, 나는 침묵했다.
> 나는 노동조합원이 아니었기에.

> 그들이 유대인들을 학살하러 왔을 때, 나는 침묵했다.
> 나는 유대인이 아니었기에.
> 마지막으로 그들이 내게 왔을 때, 그때는 나를 위해 변호해 줄 이가 아무도 남아 있지 않았다.

"그러면 당신은 무슨 일을 했습니까? 다른 사람보다 먼저 진실을 발견했으니 고백교회에서 중요한 역할을 했겠죠?"

늑대가 물었다.

"물론 그랬죠. 독일을 떠나 있으면서요."

"그럼 어디에 있었습니까?"

"당신의 나라 영국이었죠. 저는 런던으로 가서 독일인 교회 두 곳에서 목회했습니다."

디트리히는 아쉬운 듯 미소를 지어 보이며 말했다.

"이런 말 하기는 싫지만, 당신은 그냥 도망친 것 아닌가요?"

"카를 바르트와 똑같은 말을 하는군요. 저는 런던에서 중요한 인물들과 교류하며, 그들에게 독일 교회가 직면한 어려움을 알렸습니다. 캔터베리Canterbury 대주교가 계신 램버스 궁전Lambeth Palace에 갔을 때, 대주교는 독일 고백교회를 지원해 주기로 하셨고, 나치를 따르는 독일 기독교인을 공개적으로 비판하기로 약속을 받았습니다. 또한, 영국 정부가 나치 저항 세력에 힘을 실어 주도록 도와줬던 치체스터Chichester의 주교도 만날 수 있었습니다."

갑자기 굳어 있던 늑대의 얼굴에 미소가 번졌다.

"조지 벨George Bell 말이군요. 우리는 서로 같이 아는 친구가 있는 것 같네요, 목사님!"

디트리히가 대답했다.

"그렇네요. 그분은 친절하고 생각이 깊은 분이셨어요. 그분이 여전히 우리를 위해 싸우고 있다는 것을 저는 굳게 믿어요."

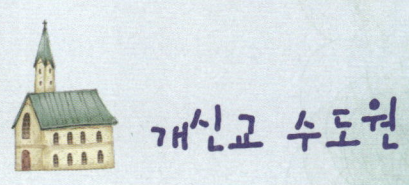 ## 개신교 수도원

어떤 죄수의 중얼거리는 소리에, 디트리히와 늑대의 대화가 잠시 끊겼다. 늑대는 방 안을 둘러보더니 조용하게 웃었다.

"재밌는 생각이 났나요?"

"저 작은 친구가 웃겨서요."

늑대는 방 한쪽 침대에 우두커니 앉아 혼잣말하고 있는 키 작은 남자를 고개로 가리키며 웃음 지었다.

"저는 저렇게 소심한 사람은 본 적이 없어요! 라셔가 그의 별명을 뭐라고 썼는지 보세요."

"'겁쟁이'라고 썼죠."

"맞아요. 하지만 겁쟁이의 형은 용감한 사람이었어요. 그는 작년에 폰 슈타우펜베르크 Von Stauffenberg 장교가 꾸민 히틀러 암살 음모에 가담했죠. 결국 그 일로 처형당했는데, 저 불쌍한 친구는 단지 그와 가족이라는 이유로 체포됐죠. 문이 열릴 때마다 경비병들이 자신을 찾아온다고 생각하는 것 같아요. 제가 사령관에게 거칠게 항의하며 부르짖을 때마다 그의 다리가 풀리는 것 같더라고요."

"부르짖을 때마다…. 그래서 저들이 당신을 '늑대 씨'라고 부르는 건가요?"

"아, '늑대 씨'는 나치에서의 내 암호명이었어요. 진짜 이름은 '베스트'입니다. 사실 저는 여기 있으면 안 될 사람이죠."

"제가 듣기론 당신이 스파이라고요?"

"맞아요. 저는 제가 영국 최고의 스파이라고 생각했어요. 저는 전쟁 초반에 독일 저항 세력과 접촉을 시도했는데, 누군가 함정을 파는 바람에 잡혔죠. 저는 전쟁 기간 내내 감옥에 있었어요. 거의 6년 동안을요. 경비병을 어떻게 다루는지 한번 배우고 나면 감옥에서 지내는 게 그렇게 힘들지 않습니다. 하지만 저런 겁쟁이 같은 자들은 주변 사람들의 영혼을 가라앉게 만들어요. 두려운 마음을 전염시키기 때문이죠."

"하지만 그는 분명히 크나큰 두려움으로 고통받고 있을 거예요. 우리는 서로에게 힘이 돼 주어야 합니다. 결국, 우리에게는 우리보다 더 소중한 게 없으니까요. 우리는 어쩌면 작은 마을이나 수도원 같은 곳에 있는 겁니다."

"루터교 목사님께서 수도원 생활에 대해 뭘 알겠습니까?"

늑대가 크게 웃었다.

"늑대 씨, 믿기 힘들겠지만 저는 실제로 수도원을 운영하기도 했답니다!"

## 1935

한 남자가 디트리히를 향해 걸어오고 있었다. 그 남자는 단정하지만 작은 시골 마을에서 온 듯한 옷차림이었다.

"저는 핑켄발데Finkenwalde 신학교 학장님을 찾고 있습니다."

남자가 말했다.

"안녕하세요. 제가 학장인 디트리히 본회퍼입니다."

남자는 당황해서 물었다.

"다, 당신이 신학교 학장님이라고요?"

"그렇습니다. 본회퍼 형제님이라고 불러도 됩니다."

"죄송합니다. 저는 당신이 여기 학생인 줄 알았어요!"

"여기 오시는 다른 분들도 그렇게 착각하시곤 합니다. 그런데 당신은…."

"저는 에버하르트 베트게 Eberhard Bethge 라고 합니다."

"신학교까지 같이 가시죠. 가면서 규칙을 말씀드리겠습니다."

"규칙이요?"

"예를 들면, 모든 사람은 고해할 사람을 한 명 선택해서 자신이 어려움을 겪고 있는 죄나 유혹을 이야기해야 합니다. 성경은 다른 사람에 대해 책임이 있다고 말씀하니까요 야고보서 5:16."

"제게는 큰 도전이 될 것 같군요."

에버하르트가 웃으며 말했다.

"더 중요한 규칙 하나가 있습니다."

디트리히는 멈춰 서서 새로 온 제자를 진지하게 바라봤다.

"뒤에서 사람을 비판해서는 안 됩니다. 나쁜 소문을 퍼뜨리는 것 또한 용납되지 않습니다."

"매우 현명하신 생각입니다."

그날 저녁, 학생과 교사들이 대강당에 모여서 함께 식사를 했다.

"학장님, 죄송하지만 지금 주방에 씻을 그릇이 쌓이고 있는데 아직 주방 인원이 다 채워지지 않아서요. 혹시 설거지를 도와줄 학생 한두 명이 있는지 여쭤봐 주실 수 있나요?"

주방 직원 중 하나가 의자 옆에서 몸을 낮게 숙이고 작은 목소리로 말했다. 그러자 디트리히가 일어서서 말했다.

"형제들, 조리사께서 여러분 중에 설거지에 자원해 줄 사람이 있는지 물어보시는군요."

하지만 이 요청에 응하는 사람은 아무도 없었다. 그들은 모두 다른 누군가가 자원하기를 바랐다. 그런데 잠시 후 디트리히의 모습이 보이지 않았다. 그때 누군가 말했다.

"학장님은 어디 계시지?"

그러자 사람들의 표정이 죄지은 사람처럼 변했다. 그리고 동시에 모두 일어나서 주방으로 우르르 몰려갔다.

"아, 학장님께서 주방에 가신 거면 안 되는데!"

디트리히는 주방에서 그릇을 닦고 있었다. 그가 문을 잠가 뒀기 때문에 학생들은 들어가서 도울 수 없었다.

학생들은 슬그머니 물러나서 디트리히가 와서 예수님의 종 노릇 하심에 대해 요점 강의하기를 기다렸다. 그런데 디트리히는 강의 중에 설거지에 대해서는 한마디도 하지 않았다. 그는 뉴욕에서의 이야기를 하는 대신에 학생들을 자신의 서재로 초대해서 그가 녹음한 흑인 가스펠 음악을 들려줬다.

시간이 어느 정도 흐르자, 디트리히는 자신의 죄를 고백할 대상으로 에버하르트를 선택했다. 학장과 동등한 입장으로 죄를 고백하게 된 에버하르트는 얼굴이 붉어졌다.

디트리히가 입을 열었다.

"제가 처음으로 고백할 것은 호기심입니다."

그러자 에버하르트가 말했다.

"학장님께서 고백할 게 있다는 것이 믿기지 않아요. 어쩌면 어떤 죄인지 알고 싶지 않아야 하지만, 사실 궁금하기도 합니다."

"그게 바로 우리가 서로의 죄를 고백하는 이유입니다. 결국 우리 모두가 연약한 인간이라는 사실을 보여 주는 것이죠. 먼저 내 기질과 참을성 없이 사람들을 대하는 것부터 들어 보겠어요? 아니면 이따금 내게 찾아오는 우울감에 대해 들어 볼래요? 혹은 젊은 나이에 신학교 학장이 된 영적 우월감에 대해서는 어떤가요? 이것 말고도 할 이야기는 아주 많습니다."

"음, 저는 솔직히 뭐라고 말씀드려야 할지 모르겠어요!"

에버하르트는 이렇게 말하고 몸을 앞으로 숙였다.

"어렵게 생각하지 말아요. 한 가지 분명한 건 내게 '괜찮다, 그건 작은 죄다'라고 말하면 안 된다는 겁니다. 이건 당신이 나를 판단하거나 용서하는 문제가 아니라 오직 예수님만이 나의 죄를 용서해 주실 수 있다는 걸 기억하기 위함입니다. 무슨 말인지 직접 보여 줄게요. 당신의 죄를 내게 말해 보세요."

에버하르트가 고개를 떨구고 말했다.

"저는 어떤 학생에게 그 자리에 없는 사람 이야기를 했어요. 제가 별로 좋아하지 않는 사람 이야기를요. 저는 그 사람이 별로 창의적으로 보이지 않는다고 말했어요."

"그 이야기를 들은 학생도 그 사람을 좋아하지 않았습니까?"

"그 학생은 그 사람에게 특별한 감정이 없었어요."

"그러면 당신의 이야기를 듣고 그 사람에 대한 감정이 어떻게 됐을 거라고 생각하나요?"

"아마도 덜 좋아하게 됐을 것 같아요."

"그럼 당신은 한 형제가 다른 형제를 싫어하게 만들었군요."

"학장님은 제가 더 죄책감을 느끼게 만드시려는 건가요?"

에버하르트는 얼굴이 벌게져서 물었다.

"저는 하나님의 관점에서 죄를 보도록 도우려는 겁니다. 그때 비로소 회개할 마음이 생길 테니까요. 이것은 우리가 바울처럼 자신이 죄인 중의 괴수라는 걸 깨우치는 방법입니다."

"하지만 너무 창피해요."

"맞아요. 당신이 한 일 때문에 내가 당신에게 실망하지 않는다는 사실을 이해하기 전까지는 창피할 거예요."

"네? 어떻게 그런 일이 가능하죠?"

"저도 규칙을 어겨 본 적이 있으니까요. 하지만 허용되는 건 한 번입니다. 한 번이면 깨닫기에 충분하니까요."

"그럼 저는 험담한 사람에게 가서 고백해야 하나요?"

"아니요, 그건 또 다른 중요한 규칙입니다. 그 사람에게 고백하면 당신의 양심은 조금 가벼워지겠지만 그 사람의 기분을 더 상하게 할 수 있습니다. 이곳에서 우리는 서로를 나 자신보다 낮게 여기는 법을 배우고 있습니다."

"학장님, 저는 이 고백의 시간이 어렵게 느껴집니다."

"그렇다면 내 죄를 더 말해 줄게요. 기분이 나아질 겁니다."

디트리히가 호탕하게 웃으며 말했다.

## 1945

"이 말이 어떻게 들릴지 모르겠지만, 그 신학교는 무서운 곳이었군요."

늑대가 디트리히에게 말했다.

"그곳은 학생들의 인격이 성장하도록 돕는 곳이었습니다. 성장 과정이 보통 편하기만 하지는 않죠."

"당신의 이야기는 내가 겁쟁이를 두고 했던 말을 나무라는 듯한 느낌이 드는군요."

"저는 사람을 단 하나의 특성으로 분류하는 걸 반대하거든요. 저 친구는 단순한 겁쟁이가 아닐 거예요. 제가 단순히 목사가 아니라 히틀러를 죽일 음모를 꾸몄던 사람인 것처럼요."

"당신은 설거지한 목사님이기도 하죠."

"이렇게 합시다. 아무도 손을 더럽히기 원치 않지만, 꼭 해야 할 일이라면 그 일에 책임을 지기 원하는 목사라고요."

"목사님, 그건 차원이 다른 용기가 필요한 일이에요."

"이 방은 차원이 다른 용감한 사람들이 있는 방입니다. 단 한 사람만 빼고요. 그 평범한 남자는 우리가 속으로만 느끼는 두려움을 표현하고 있어요. 그러니 그를 탓하지는 맙시다."

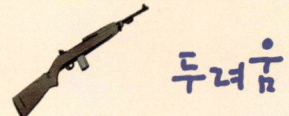

# 두려움

겁쟁이가 혼잣말을 멈추자, 디트리히가 그에게 다가갔다.

"박사님, 제 생각에는 당신 별명이 가장 불공평해 보여요. 감옥에 있는데 겁이 나지 않는 게 이상한 일이죠."

"당신 말이 맞아요! 그런데 왜 나를 웃음거리로 만드는지 이해할 수 없어요! 내 형이 총통에 맞서는 음모를 꾸몄다는 이유로 왜 내가 매일 총 맞을 걱정을 하며 감옥에 갇혀 있어야 하냔 말입니다! 나도 나치 정권의 폭력과 부패를 증오하지만, 변화를 기대할 수 없는 상황에서 도대체 왜 저항하는 겁니까? 나는 형이 총살당하는 순간에, 자신의 계획이 모두 부질없다는 걸 깨달았기를 바랄 뿐이에요."

겁쟁이의 왜소한 몸은 떨렸고, 곧 눈물을 글썽였다.
디트리히가 침울해하며 이렇게 말했다.

"그게 고통 중에 가장 최악인 것 같아요. 내가 아니라 나의 소중한 가족과 친구들을 괴롭히는 것 때문에 힘이 들죠."

"죄송하지만 목사님은 처음부터 나치 정책에 반대 입장을 취하셨잖아요. 저도 그 정도는 알아요. 목사님은 스스로의 선택으로 이 자리에 계신 겁니다."

"맞아요, 저는 그랬죠. 하지만 제가 할 수 있는 다른 일은 없었어요. 유대인들의 추방에 동의하는 교회는 기독교 교회라고 할 수 없습니다. 유대인들에 의해 쓰였다는 이유로 구약 성경 전체를 부정하거나 십자가에 달리신 예수님을 부정하는 교회는 모두 악마의 교회나 마찬가지니까요!"

"하지만 어떤 사람들은 그 교회에 남는 게 맞다고 합니다."

"사실 많은 사람이 그리했습니다. 그들은 그 안에서 부패와 맞서 싸워야 한다고 했죠. 또한 자신의 가족과 교인을 돌봐야 한다고도 했죠. 그들은 나치에게 동의하지 않으면서도 원칙을 세울 수 있을 거라 했습니다. 물론 저는 그들을 비난하지 않습니다."

"정말요? 악마의 교회라고 부르면서도 거기 있는 사람들은 비난하지 않으신다고요?"

겁쟁이가 눈을 깜빡이며 물었다.

"죽음보다 생존을 선택했다고 비난할 수는 없습니다. 우리는 스스로 결정을 내려야 하고, 또 그에 대한 책임을 져야 합니다. 저 자신조차 옳은 길을 찾는 데 시간이 걸렸죠."

## 1933

"디트리히, 와 줘서 고마워."

자비네가 말했다. 자비네는 디트리히의 쌍둥이 여동생이자 친구이며, 세상에서 그를 제일 잘 아는 사람이었다.

"당연히 와야지. 시아버지가 돌아가셨다니 정말 안타까워."

"맞아, 그분은 좋은 분이셨어. 이리 와. 저기에서 남편이 기다리고 있어."

디트리히는 자비네를 따라 그녀의 남편 게르하르트<sub>Gerhard</sub>가 있는 서재로 갔다. 장례식 준비로 집안이 소란스러웠다.

"아, 왔군요. 바쁘실 텐데 와 줘서 고마워요."

게르하르트가 일어나서 디트리히의 손을 잡으며 말했다.

"아무리 바빠도 와야죠. 제가 조금이라도 위로가 된다면 좋겠습니다. 올 한 해는 유대인들이 대학에서도 퇴출돼 힘드시겠어요."

"그렇죠. 하지만 직장을 잃은 것보다 아버지를 잃은 게 훨씬 힘드네요. 아버지는 세례를 받지 않으셨지만, 예수님께서 메시야라는 사실을 믿으셨어요. 그래서 매형이 장례식에서 설교해 주시면 좋겠어요."

디트리히는 잠시 침묵하다가 말했다.

"잘 모르겠네요. 나치는 분명 세례받지 않은 유대인의 장례식을 기독교인이 집도한다면 그 설교자를 감시할 거예요."

"오빠는 항상 유대인도 교회에 포함돼야 한다고 했었잖아."

"그게 문제라는 이야기야, 자비네. 뮐러 주교[1]와 그 일당들은 나를 사역에서 제외할 핑곗거리를 찾고 있어. 내가 유대인의 장례식에서 설교한다면, 그들에게 그 핑곗거리를 주게 될 거야."

디트리히가 한숨을 쉬며 말했다.

"오빠가 어떤 설교를 할지 연습을 하고 하면…."

---

1) 뮐러는 나치가 독일 국가 교회를 총감독하도록 선택한 인물이었다. 그는 언제든지 성경을 버리고 나치가 원하는 거짓을 가르칠 준비가 돼 있었다. 뮐러는 나치가 교회의 일에 사사건건 간섭하는 것에 대해 디트리히가 반대하고 있다는 걸 알았기에 디트리히의 사역을 중단시키고자 했다.

게르하르트가 자비네의 말을 끊으며 말했다.

"자비네, 부탁이에요. 아버지의 장례식을 두고 말다툼하지 맙시다. 디트리히, 곤란한 상황이 있기 마련이죠. 저는 기분 나쁘게 생각하지 않아요."

디트리히가 일어서며 모자를 손에 쥐었다.

"만약 1년 전이었으면 저는 단 1초도 고민하지 않고 설교를 했을 거예요. 이것 말고는 해 줄 수 있는 게 없으니까."

게르하르트가 말했다.

"그게 옳은 결정이란 걸 알아요. 미안하지만 저는 이제 가 봐야 할 것 같아요. 묘소를 준비하기 위해 할 일이 너무 많네요."

자비네가 서재 밖으로 디트리히를 안내했고, 둘 다 말이 없었다. 자비네는 디트리히와 눈을 마주치려 하지 않았다.

"자비네, 내가 짐만 더해 줬구나."

"아니야, 오빠. 만일 이 일로 누군가를 비난해야 한다면, 그건 히틀러지 오빠가 아니야."

## 1945

"그렇게 대단한 고백은 아니네요. 하지만 저는 그게 옳은 결정이고 현명한 일이었다는 생각이 들어요."

겁쟁이가 말했다.

"하지만 그건 내 여동생과 내 신념을 배반하는 일이었어요. 저는 하나님께서 정직한 사람을 버리지 않으시고 보호하신다는 걸 믿어야 했어요. 몇 달 뒤에 저는 제 행동이 잘못됐다는 걸 깨달았어요. 저는 두려움 때문에 제가 만든 마음의 틀을 알아채지 못했던 거예요."

"목사님에게 그 일이 신념을 배반한 가장 큰 사건이었다면, 목사님은 우리가 처한 도덕적 혼란 속에서 누구보다 잘하고 있는 겁니다."

"아니요, 다른 일도 있었어요."

## 1939

자유의 여신상을 지나 항해하는 배 위의 분위기가 이번에는 기쁨보다 안도에 가까웠다. 수많은 유럽 승객은 여행을 한다기보다는 탈출하는 중이었다.

디트리히의 친구들은 그가 나치에 징집되지 않기 위해서는 미국으로 와야 된다고 생각했다. 그래서 디트리히에게 유니언 신학교의 강의 자리와 독일 난민들을 위한 사역을 찾아 줬다. 디트리히는 뉴욕에서 오랜 친구들을 만나게 돼 행복했지만, 한편으로는 독일 생각이 머리에서 떠나지 않았다.

'지금쯤 독일에는 무슨 일이 일어나고 있을까? 가족들과 친구들은 모두 무사할까? 나치가 무슨 일을 꾸미고 있을까? 나치가 내가 있던 신학교를 폐쇄한 건 아닐까?'

디트리히는 사랑하는 사람들에게서 멀어지자 안전한 미국이 감옥처럼 느껴졌다. 뉴욕에서 편지를 받기까지는 몇 주가 걸렸으므로, 디트리히의 두려움은 점점 깊어 갔다.

하지만 디트리히는 자신이 뉴욕에 남아서 독일의 파국을 막는 데 더는 아무런 할 일이 없다는 사실에 더욱 고민했다. 뉴욕에 오는 것이 현명한 선택처럼 보였지만, 하나님은 그가 이곳에 있기를 바라지 않으셨다. 그는 자신이 니느웨에서 도망쳐

거센 폭풍이 몰아치는 바닷속에 던져진 요나가 된 것 같았다.

디트리히는 계속 도망칠 수 없다는 걸 깨달았다. 물론 돌아가면 나치에 징집당할 것이고, 만일 징집을 거부하면 체포당할 것도 알고 있었다. 그래도 나치를 위해 싸우지는 않을 작정이었다. 그에게는 숨거나 감옥에 가거나 처형당하는 것 말고는 어떤 미래도 없었다. 하지만 그는 하나님의 계획을 믿었다.

디트리히는 뉴욕에 도착한 지 3주 만에 독일로 돌아가는 여객선에 올랐다. 공교롭게도 그가 탄 배는 전쟁으로 대서양이 막히기 전에 항해한 마지막 배였다.

## 1945

"이야, 아주 멋지네요. 하나님께서 얼마나 당신을 보호해 주고 계시는지 알겠어요."

겁쟁이가 비아냥거렸다.

"예수님께서 부르실 때, 우리는 목숨까지도 바쳐야 합니다. 제 삶은 그분의 것이죠. 사도 바울이 말했듯이, 저는 예수님과 함께 십자가에 못 박혔습니다 갈라디아서 2:20. 그리고 바울처럼 저

도 감옥에 있을지라도 하나님을 찬양할 겁니다."

"목사님, 저도 어릴 때 교회에서 자랐어요. 그리고 다른 사람들처럼 세례를 받고 견신례를 했습니다. 그런데 왜 저는 감방에서 찬양할 기분이 들지 않는 걸까요?"

"우리는 평생 죽음을 두려워하며 삽니다. 그런데 죽음에 대해 아는 것은 적어요. 죽음이 우리 삶의 가장 영화롭고 멋진 경험이 아니라고 어떻게 확신합니까?[2] 우리가 정말로 예수님을 알게 되면, 예수님과 함께 지내게 될 죽음 이후의 삶을 두려워하지 않을 거예요."

"일단 당신 말을 믿는 걸로 하죠."

디트리히는 겁쟁이가 자신이 제안한 진정한 평안과 자유를 받아들이지 않자 슬퍼졌다.

---

[2] 디트리히가 실제로 한 말로, 우리가 죽음을 두려워할 때 큰 위로가 되는 말이다.

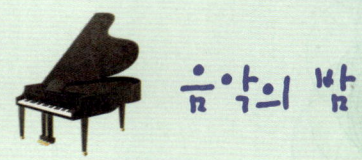

# 음악의 밤

부실한 아침 식사가 끝난 후, 사감은 자기 할 일을 분주하게 챙기기 시작했다. 남자들이 정치적 상황과 전쟁의 진행 상태를 논의하는 사이, 사감은 빨랫거리를 부지런히 챙기고 있었다. 관리자가 뜨거운 물을 담은 물통과 비누를 공급해 주고 있었고, 사감의 지시를 받은 금발 폭탄이 빨랫감을 수거하러 디트리히의 침대로 다가왔다. 그녀는 키가 작고 통통했으며, '금발 폭탄'이라는 별명과는 다르게 폭탄처럼 보이지는 않았다.

사감이 사라지자 금발 폭탄이 디트리히에게 다가와서 말했다.

"저기요, 목사님. 빨래할 것 있나요?"

"아니요. 저는 지금 가진 옷을 다 입고 있답니다."

"이 단추 하나가 느슨해 보이네요."

"오, 아닙니다. 잘 달려 있을 거예요."

"목사님이 뭐라고 하든 저는 그 단추를 달아드릴 거예요. 이 일을 하지 않으면, 사감님께서 제게 다른 일을 시킬 테니까요. 저는 여기 앉아서 목사님과 이야기할 핑곗거리를 찾은 거죠."

"그렇다면 부탁드릴게요. 여기 오기 전에 어떤 일을 했나요?"

그녀는 한쪽 눈썹을 추켜세우고 디트리히를 아리송한 표정으로 쳐다보고는 몸을 기울이더니 속삭였다.

"목사님은 여기 사람들이 모두 진짜 죄수라고 생각해요? 저는 그렇게 생각하지 않아요. 적어도 한 명은 우리가 하는 말을 감시하는 스파이일 거예요."

"말하기 싫은 거라면 말하지 않아도 돼요."

"흠, 비밀 정보기관에서 일할 예정이었지만 그 사람들과 너무 많은 관계를 맺고 있었다고만 말해 두죠."

그녀는 수수께끼 같은 미소를 지어 보였다.

"당신이 무슨 일을 했었는지 말할 수 없다면, 자유인이 됐을 때 무슨 일을 할 계획인지는 말해 줄 수 있겠죠?"

그녀는 꿈꾸는 듯한 표정으로 말했다.

"글쎄요. 전쟁 전에는 단조로운 삶을 사는 그저 평범한 소녀였어요. 그때에 비하면 전쟁은 제게 하나의 큰 모험이었어요."

"제게도 너무 큰 모험입니다. 제가 원하는 삶은 시골에 정착해 학생들이 읽을 책을 쓰고 가정을 꾸리는 거예요."

"정말요? 그게 진짜 목사님이 원하는 삶이에요?"

"네, 저는 이 전쟁에서 평생 기억에 남을 만큼 극적인 사건들을 겪었어요."

## 1939

본회퍼 가족의 음악 모임이 있던 날이었다. 바이올린 연주자가 연주를 시작하자, 가족들은 자리에 앉았다. 그때 한스 폰 도나니 Hans von Dohnanyi가 디트리히를 팔꿈치로 쿡 찔렀다.

"이게 얼마 만이야? 저리 가서 같이 이야기 좀 나누자."

디트리히는 둘째 누나 크리스텔 Christel의 남편인 한스의 부름에 거실 뒤로 갔다. 연주가 시작되자, 한스는 디트리히에게 가까이 몸을 숙이고 다정하게 말했다.

"징집 때문에 걱정이지? 네 양심상 싸울 수 없겠지만, 평화주의자[1]는 반역죄로 처형당할 수도 있어. 어떡할 거야?"

"사실 잘 모르겠어요. 하나님께서 답을 주시리라 믿고 계속 기도하고 있어요. 정부에서 저를 찾기 전까지는 교회 일을 계

---

[1] 평화주의자는 모든 전쟁이 잘못됐다고 믿는 사람들이다. 나치는 이런 태도가 나약하고, 가장 독일스럽지 않다고 여겼다. 디트리히는 뉴욕에서 프랑스 친구와의 토론을 통해 평화주의자가 됐다.

속하려고 노력할 뿐이에요."

"하나님은 네 기도에 응답하셨어. 하나님께서 너를 첩보국 Abwehr(편집자 주: 독일의 군사 정보기관이다)으로 보내셨거든."

디트리히가 깜짝 놀라 매형을 쳐다봤다.

"군사 정보기관이 제 문제를 해결할 거라고요?"

"그래. 군이 징집하기 전에 우리는 너를 고용할 예정이야."

"저를요? 게다가 스파이로요?"

한스가 디트리히에게 따라오라는 눈짓을 했다. 그들은 아버지 카를 본회퍼가 정신과 환자를 진료하는 서재로 갔다.

"디트리히, 내가 첩보국에 있는 거 알고 있지? 내가 나치를 위해 일하는 스파이라고 생각해?"

한스가 디트리히에게 조용히 물었다.

"저는 매형이 명예로운 사람이라고 생각해요. 그건 매형이 어떤 자리에 있든지, 어떤 행동을 하든지 변하지 않아요."

"나는 빌헬름 카나리스 Wilhelm Canaris 밑에서 일하고 있어. 그는 첩보국 조직의 사령관이야. 그런데 내가 하는 일 중에 가장 중요한 일이 뭔지 알아? 나는 나치가 하는 끔찍한 일을 전부 다 기록하고 있어. 언젠가 이 모든 게 끝나고 나면, 그 기록은 증거가 될 거야. 디트리히, 모든 일이 네가 생각하는 것보다 훨씬 더 은밀하게 진행되고 있어. 넌 상상도 못 할 거야."

"그래서 그 일을 같이 하자는 건가요?"

"우리는 네가 가진 국제적 교회 연락망이 정부에 유용하다고 보고해서 너를 그쪽으로 고용할 수 있어. 그러면 너는 군에 징집되지 않을 거야. 하지만 그보다 훨씬 위험한 일을 해야 할 수도 있어. 시간을 갖고 생각해 봐."

"만일 그렇게 되면 여행을 자유롭게 할 수 있나요?"

"맞아. 하지만 표면상으로는 우리를 위해 일하는 게 아니란 걸 이해할 필요가 있어. 너는 이중 스파이가 되는 거야. 나치가 아니라 저항 세력을 위해 교회 연락망에 메시지를 전달하는 거지. 너와 나 그리고 카나리스 사령관 중 누구라도 잡히면 우리는 모두 체포되는 거야. 아마 고문을 당하거나 처형되겠지. 어쩌면 군대에 있는 게 더 안전할 수도 있어!"

그들은 연주회 자리로 돌아갔다. 하지만 디트리히는 그가 좋아하던 연주곡을 조금도 즐길 수 없었다. 그의 인생 전체가 달렸을지 모를 결정을 한다는 게 보통 힘든 일이 아니었다. 하지만 어쨌든 그는 뉴욕에서 독일행 배에 다시 올랐을 때 이미 결정을 내렸다. 그는 독일과 독일 교회를 위해 목숨을 바치고자 베를린으로 온 것이다.

연주회가 끝나고 다들 돌아갈 채비를 했다. 디트리히는 한스 매형과 크리스텔 누나를 집까지 바래다주러 밖으로 나왔다.

한스가 말했다.

"디트리히, 누나도 다 알고 있으니까 말해도 괜찮아."

디트리히가 진지한 목소리로 말했다.

"매형이 하시는 일에 저도 참여하고 싶어요."

크리스텔이 소곤거렸다.

"디트리히, 이건 깊이 생각해 볼 문제야. 아무리 정당한 이유가 있다고 해도, 정말 나치가 지배하는 국가를 배신할 수 있겠어?"

"누나, 사람들이 가득한 거리를 향해 굴러 내려가는 거대한 수레가 있다면, 수레에 치인 사람들에게 붕대를 감아 주는 것만으로는 부족해. 수레가 멈추게 바퀴에 막대를 꽂아야 해. 그게 내가 하고 싶은 일이야. 수레바퀴에 제동을 거는 일[2] 말이야."

## 1945

금발 폭탄이 말했다.

"오, 그러면 여기 있는 우리는 모두 제동을 위한 막대겠군

---

[2] 이 말은 디트리히의 가장 유명한 인용문 중 하나로, 나치에 반대하는 행동을 취해야 하는 이유를 설명해 준다.

요. 그 수레는 계속 굉음을 내며 굴러 내려가는 속도를 더하고 있어요. 처음에는 사람들을 덮쳤죠. 그다음에는 나라들을 덮쳤고요. 어쩌면 이제 우리에게 달려오고 있는지도 몰라요."

디트리히가 겁쟁이를 고개로 까딱하며 물었다.

"당신도 저 친구처럼 죽음이 두렵나요?"

그러자 그녀는 두 눈을 번쩍거리며 말했다.

"두렵냐고요? 저는 이 전쟁에 반쯤은 죽고 싶어서 뛰어들었어요. 이전의 제 삶은 꽤 끔찍했죠. 여전히 저는 모든 게 끝나면 뭘 해야 할지 모르겠어요."

디트리히가 말했다.

"당신에게 필요한 건 바로 목적이에요. 이 모든 게 끝났을 때 나의 목적은 단지 삶을 되찾고 가정을 꾸리는 게 아니라, 이 나라와 교회를 재건하는 거예요. 악을 멈추게 하는 데 실패했지만, 하나님은 저를 많은 사람의 상처를 치료하는 데 사용하실 수도 있어요."

윤리

아침이 찾아왔다. 죄수들은 지루함 속에서 시간을 보내고 있었다. 디트리히와 겁쟁이는 늑대의 체스판으로 게임을 했다.

겁쟁이가 물었다.

"세상의 문제들이 체스처럼 단순하면 좋을 것 같지 않나요?"

"체스는 단순하지 않습니다. 무궁한 가능성과 수가 존재하죠."

"적어도 체스판의 문제들은 흑 아니면 백이잖아요. 이 세상에서는 뭐가 옳고 뭐가 그른지 말하기가 쉽지 않아요."

디트리히가 답했다.

"흠, 저는 옳고 그름을 말하는 것이 별로 어렵다고 생각하지 않습니다. 요즘 같은 때에, 특히 독일에서는요."

"목사님, 옳고 그름이 지금은 분명하게 보일지 몰라도 10년 전에는 그렇지 않았죠. 나치즘(번역자 주: 독일의 국가 사회주의를 뜻한다)이 처음 등장했을 때, 분노한 노동자들만 히틀러를 지지했어요. 전쟁에 찬성하는 사람은 더 적었고요. 하지만 막상 히틀러가 전쟁에서 이기기 시작하자, 사람들이 전쟁을 좋아하게 됐어요. 게다가 히틀러를 따르지 않는 사람도 국가를 위해 입대해야 한다고 생각하고, 지금도 많은 사람이 전쟁터에서 싸우고 있어요. 독일은 지금 회색빛을 띠고 있는 것 같아요. 이런 시기에 세상을 흑과 백으로만 보는 것은 쉽지 않은 일이에요."

"맞습니다. 그래도 여기 있는 우리 대부분은 어느 순간 나치의 검은 속을 알아차렸기에 이 감옥에 들어왔습니다."

"그 순간이 언제였나요?"

"저는 처음부터 그들이 썩었다고 생각했습니다. 하지만 우리가 나서야 할 때가 왔다는 걸 깨닫게 된 순간은 있었죠."

## 1940

화창한 어느 날, 독일 국경의 어느 카페에서 디트리히와 그의 친한 친구이자 제자인 에버하르트가 쉬고 있었다. 그곳은 최근까지 독일이 아니라 리투아니아Lithuanians였던 곳이었다. 디트리히와 에버하르트는 목사님들과 만남을 갖거나 교회에서 설교를 했고, 남는 시간에는 이렇게 쉬기도 했다.

그런데 갑자기 카페 앞의 확성기에서 저음의 독일인 목소리가 들렸다.

"모두 주목해 주세요. 조국의 모든 애국자에게 중대한 발표를 전합니다. 프랑스가 독일에 항복했습니다. 지금 우리 국기가 프랑스의 개선문에서 펄럭이고 있습니다!"

여기서 그가 말하는 '우리 국기'는 독일의 국기(번역자 주:

위에서부터 검정, 빨강, 노랑인 3색기다)가 아니라 나치의 만자무늬 깃발을 의미했다.

카페에는 일어나서 승리를 자축하는 사람들의 환호 소리로 가득했다. 어떤 사람은 테이블 위로 뛰어올라 독일 국가를 큰 소리로 외쳐 부르기 시작했다.

"독일, 세계에서 으뜸가는 독일!"

독일이 세계를 정복하고 있었다. 디트리히와 에버하르트는 걱정스러운 표정으로 서로 눈빛을 교환했다. 그들은 히틀러가 전쟁에서 몇 번 지고 나면 물러날 줄 알았다. 하지만 전쟁은 계속될 것이고, 죽음도 마찬가지였다.

환호 속에 국가 열창이 끝났다. 정복당하는 것이 어떤 건지 알고 있는 리투아니아 사람들은 침묵 속에 그 모습을 바라봤고, 독일 사람들은 팔을 쭉 뻗고 나치식 경례를 했다.

"하일 히틀러 Heil Hitler, 히틀러 만세!"

그때 디트리히가 일어나더니 팔을 들어 올리고 외쳤다.

"히틀러 만세!"

앉아서 이 모습을 지켜보던 에버하르트의 입이 떡 벌어졌다. 디트리히는 그를 힐끗 쳐다보더니 잽싸게 몸을 숙이고 말했다.

"자네 제정신인가? 지금 일어서지 않으면 저들이 자네를 볼 거야! 우리는 어려움과 투옥에 당당히 맞서겠지만, 이 우스꽝스러운 경례 때문에 그렇게 될 수는 없네."

그러자 에버하르트도 마지못해 일어나 팔을 들어 올렸다.

"히틀러 만세."

거리에서의 대화는 안전하지 않았다. 그들은 숙소에 도착해서야 다시 대화를 이어 갔다.

"디트리히, 우리는 늘 반나치주의였지만 지금은 그 이상이지? 자네는 저항 세력에 속해 있으니 말이야."

"에버하르트, 잘 생각해 보고 질문하게나. 자네가 그 사실을 아는 것만으로도 위험해질 수 있네."

"혹시 체포될 만한 무슨 일을 했나?"

"나는 꼬리 잡힐 만한 증거를 남기지 않아. 하지만 그런 증거가 있는 사람들을 위해 일하고 있지. 우리는 서로 다 묶여 있다네. 거기에 자네까지 끌어들이고 싶지 않아."

"디트리히, 나도 곧 징집될 걸세. 그리고 자네만큼이나 이 전쟁을 싫어하네. 그렇지만 자네가 위험에 빠지면 안 될 이유가 있어. 자네의 조카딸 이야기야."

"자네가 레나테Renate에게 다정하다고는 생각했는데, 진지한 거였나?"

"맞아. 나는 그녀와 결혼하고 싶어. 그녀의 부모님이 어떻게 생각하실지 몰라서 자네에게 조언을 구하려고 했다네. 그녀는 나보다 많이 어리니까! 물론… 자네에게 다른 중요한 문제들이 있다는 거 알고 있네."

"에버하르트, 이 전쟁에서 살아남는 것보다 더 중요한 건 없네. 그래서 이런 불행 속에서도 사람들은 앞날을 기대하며 축하하고 결혼식을 올리네. 이건 하나님의 축복의 증거이기도 하지.[1] 자네는 사실상 몇 년간 가족의 일원이나 다름없었어. 그리고 이제는 진정한 가족이 되는 거지!"

에버하르트는 디트리히가 위험한 상황에 처해 있다는 사실이 마음에 걸렸다. 디트리히는 겉으로는 다른 신학자들과 함께 교회에서 설교하기 위해 여행을 하고 있지만, 에버하르트는 사실 그가 저항 세력의 계획과 정보를 독일의 적들에게 전하고 있다는 것을 알고 있었다.

얼마 후에 에버하르트는 군에 징집돼 이탈리아로 갔는데, 독일을 위해 싸우는 중에도 그가 할 수 있는 한 저항 세력을 위해 힘써 일했다. 한편, 디트리히의 첫째 누나 우르줄라 슐라이허Ursula Schleicher와 매형 뤼디거 슐라이허Rüdiger Schleicher는 에버하르트를 레나테의 신랑감으로 받아들이게 됐다. 그렇게 그에게는 돌봐야 할 약혼녀가 생겼다.

어느 날 저녁에 디트리히와 에버하르트는 저항 세력을 위해

---

1) 디트리히의 명언이다. "고통에 둘러싸여 있을 때도 우리가 여전히 하나님의 축복을 기뻐할 수 있다는 것은 매우 놀라운 일입니다!"

일하는 친구의 집에서 젊은 장교 한 명을 만났다.

"본회퍼 목사님, 저는 베르너Werner라고 합니다. 목사님은 하나님의 사람이시죠."

젊은 남자는 나치식 경례 대신 악수를 하며 말했다. 그는 창백해 보였으며, 손을 계속 만지작거렸다.

"무슨 일이신가요?"

디트리히가 물었다.

"신학적인 질문이 하나 있습니다. 제가 만일 히틀러를 죽인다면, 그것은 죄가 될까요? 저는 고위 장교의 부하입니다. 그래서 늘 총통과 마주치죠. 제게는 총이 있어요. 그에게 가까이 접근할 수도 있고요. 제가 방아쇠를 당긴다면…."

그는 두려움이 담긴 눈빛으로 차마 말을 끝맺지 못했다.

"하나님께서 당신을 어떻게 심판하실지 두려운가요?"

"네, 그렇습니다."

"음, 저도 이 문제에 대해 고민해 왔지만 하나님께서 우리 모두를 어떻게 심판하실지 확실하게 말씀드릴 수 없습니다. 저는 우리가 모두 죄인이라고 믿습니다. 우리가 다른 사람을 죽이기 위해 방아쇠를 당긴다면, 우리는 유죄입니다. 하지만 우리가 한 사람의 목숨을 빼앗음으로써 이 모든 끔찍한 상황을 끝낼 기회를 놓친다면, 그것 또한 유죄입니다."

"그렇다면 뭐가 더 나쁠까요?"

"제 생각에는 아무런 계획 없이 히틀러를 죽이는 게 최악일 겁니다. 당신이 방아쇠를 당긴다고 가정해 봅시다. 그의 측근이 당장에 그 자리를 차지할 것이고, 죽음에 대한 복수로 폭력은 더 심해지겠죠. 하지만 만일 훌륭한 장군과 정치인들이 그 자리에 들어갈 준비가 된 상태에서 연합 세력에게 우리 정부를 다시 시작할 시간을 달라고 요청한다면, 그래서 일이 성사된다면 어느 정도 좋은 일이 되겠죠."

"목사님은 할 수 있다면 히틀러를 죽이시겠습니까?"

"네, 만일 모든 체계가 잡혀 있고, 올바른 사람들이 준비돼 있고, 제게 기회가 있다면 저는 죽일 겁니다."

"훌륭하십니다, 목사님."

그때 방 한쪽에서 누군가가 웃으며 말하는 목소리가 들렸다.

"하지만 설교자에게 총통을 죽일 기회가 있겠습니까? 목사님, 총을 쏠 줄은 아십니까?"

"맞아요. 저는 기회가 없습니다. 총이나 폭탄에 대해 아는 것도 하나 없습니다. 제가 가진 거라고는 책임감뿐입니다. 저는 히틀러에게 투표하지 않았지만, 나의 조국은 그에게 투표했죠. 저는 어떤 유대인도 박해하지 않았지만. 나의 조국은 박해했습니다. 비록 나는 하지 않았더라도, 이제는 우리 모두의 책임입니다. 단지 말로만 하는 게 아니라 행동으로 해야 합니다. 그렇기에 저는 좋은 기회가 생긴다면, 그렇게 할 겁니다. 하나님, 저를 도우소서."

"제가 원하던 답변입니다. 어떻게 생각하십니까, 장교님?"

베르너의 질문에 목소리의 주인공이 밝은 곳으로 천천히 걸어 나왔다. 그는 나치 제복을 입은 장교였는데, 키가 크고, 한쪽 눈에 안대를 하고 있었다. 그가 디트리히에게 다가오며 물었다.

"당신은 내가 누군지 아십니까?"

"알고 있습니다. 폰 슈타우펜베르크 Von Stauffenberg 장교님이시죠. 저를 고발하실 겁니까?"

장교는 천천히 미소를 지으며 말했다.

"물론 아닙니다. 저는 목사님의 충고를 받아들일 생각입니다. 그리고 베르너에게 해 주신 말씀에 감사드립니다. 제가 직접 질문하는 것보다 다른 사람이 하는 게 더 나을 거라고 생각했습니다."

"장교님은 분별력을 가진 분이시군요."

장교가 디트리히의 손을 잡고 굳게 악수하며 말했다.

"당신은 저항 세력의 목사님이시고요."

## 1945

겁쟁이는 잠시 침묵하더니 입을 열었다.

"베르너는 제 형의 동료 중 한 명이었어요. 그는 열정적인 젊은이였죠. 목사님은 그가 성급한 행동으로 준비 없이 히틀러를 쏘는 것을 막았군요."

디트리히가 대답했다.

"슈타우펜베르크 장교는 제가 말하지 않았어도 스스로 절제했을 겁니다."

그는 체스판 위에 있는 흰색 기사 White Knight와 흰색 폰 White Pawn을 움직여 검은색 킹에게 도전했다.

"그들에게는 히틀러를 제거할 절호의 기회가 있었습니다.

폭탄이 준비돼 있었고, 연합군을 통해 히틀러와 그의 최측근 보좌관들을 한 방에 모아서 한꺼번에 죽이기 위한 함정을 만들었습니다. 체크메이트(번역자 주: 체스에서 킹을 붙잡고 승리한 상황이다) 아니면 체크(번역자 주: 체스에서 상대방이 킹을 직접 공격할 수 있는 자리다)처럼 보였죠. 결과가 어떻게 된 줄 압니까? 두꺼운 책상 다리가 폭발을 흡수해 버렸습니다. 그 덕분에 히틀러는 약간의 상처를 입고 위험을 벗어나게 됐죠."

"사람들은 그들이 용감하게 죽었다고 하더군요. 그게 무슨 의미든지 간에요. 슈타우펜베르크 장교는 총살되기 직전에 '자유 독일이여 영원하라!'고 외쳤다더군요."

겁쟁이가 말했다.

"그들은 하나님을 믿었어요. 그리고 지금은 하나님 곁에 있을 겁니다. 하지만 그들과 가깝게 지내던 사람들은 모두 죽거나 위험에 빠졌어요. 이 방에도 꽤 많은 사람이 슈타우펜베르크 장교 때문에 감옥에 왔을 거예요. 하지만 이건 특권이에요. 저는 히틀러에게 온 힘을 다해 저항했던 사람들만이 역사에 의해 명예를 회복할 거라고 굳게 믿고 있습니다."[2]

"우리 둘 다 체크메이트 같아 보이는군요."

겁쟁이가 체스판을 가리키며 말했다. 그러자 디트리히가 웃음을 터뜨렸다.

"그렇게 믿지 말아요, 친구. 체스판은 많고, 아직 움직일 말도 많이 남아 있어요. 우리가 아직 희망을 품어도 될 것 같아 보이네요."

---

2) 이것은 슈타우펜베르크가 믿던 내용이다. 그는 히틀러의 암살을 통해 전쟁을 멈추거나 연합군으로부터 더 나은 상황을 얻기에 너무 늦었다는 것을 알았다. 하지만 미래에 왜 아무도 히틀러를 멈추게 할 시도조차 하지 않았는지 질문할 사람들을 위해서, 히틀러를 제거하는 것은 자신이 해야 할 옳은 일이라고 생각했다.

# 비밀 임무

감옥 생활은 끊임없이 이어지는 행군 같았다. 남자들은 원을 그리며 돌고, 그 안에서 할 수 있는 운동을 했다. 빨랫감을 정리하느라 지친 사감을 돕기 위해 본회퍼가 옆으로 갔다.

"사감님은 남편분이 스페인에서 독일 대사로 있을 때 흥미로운 사람들을 많이 만났죠?"

"그럼요. 법원 직원, 국회의원, 요리사, 음악가 등 여러 분야의 사람들을 만났죠. 저는 다양한 문화를 사랑했어요. 히틀러가 쳐들어오기 전까지는요. 대사는 자신의 나라를 대표하죠. 그런데 우리가 어떻게 이처럼 사악해진 나라를 대표할 수 있었겠어요?"

"그래서 어떻게 했습니까?"

"우리는 마드리드Madrid로 가서 숨었어요. 하지만 나치가 사람을 찾는 데 매우 뛰어나다는 사실을 알게 됐죠."

"맞아요. 그들은 저 역시 찾아냈죠. 그리고 책을 출판하지 못하게 했어요. 제가 운영하던 신학교도 닫고 저를 출국 정지까지 시켰어요. 하지만 저는 다행히도 숨는 방법을 찾았답니다."

"그게 어떤 방법인가요?"

"저는 첩보국에 들어갔어요. 그리고 저항 세력을 대신하는 일종의 특사 일을 했어요."

"위험한 일로 들리는군요. 거기서 누구를 만났나요?"

"영향력 있는 교회 분들을 만났죠. 오랜 친구를 포함해서요."

## 1942

"디트리히, 다시 만나서 정말 반갑네. 그런데 어떻게 온 건가? 요즘에 독일 밖으로 나오는 게 쉽지 않다고 들었는데."

벨Bell 주교가 디트리히의 손을 따뜻하게 꽉 잡으며 말했다.

"맞습니다. 사실 저는 이곳 스웨덴Sweden에 공식적인 업무를 수행하기 위해서 와 있습니다. 독일 정부의 업무인 셈이죠."

"자네가 말인가?"

벨 주교가 놀라서 눈썹을 치켜올렸다.

"네, 원칙적으로는 그렇습니다. 보시다시피 정부는 제게 교회와 관련된 활동을 허락하고 있습니다. 왜냐하면 그들은 제가 자신들의 전령 일을 한다고 생각하거든요."

"그런데?"

"음, 저는 지금 메시지를 전하는 일을 하고 있지만, 이건 나치를 위한 일이 아닙니다. 첩보국의 절반이 사실은 나치의 반대편에서 일하고 있는 상황이에요! 하지만 제가 당신을 만났다는 사실은 어떤 독일 사람에게도 알려져서는 안 됩니다."

"그야 물론이지. 내가 어떻게 도와주면 되겠나?"

"주교님, 지금 히틀러 정권을 뒤엎을 확실한 계획이 하나 있습니다. 현재 높은 자리에 있는 히틀러의 측근 장군과 장교들이 꾸민 계획입니다. 영국의 지원을 받는 데 도움이 된다면 그 명단을 드릴 수도 있습니다. 우리는 폭탄, 날짜, 장소, 그리고 히틀러가 죽으면 어떻게 정부를 이어받을지에 대해 계획을 세워 뒀습니다. 그러려면 우리는 도움이 필요합니다."

"하지만 군사적인 지원은 불가능하다네."

"우리에게 필요한 것은 우리가 새 정부를 수립할 때까지 시간을 주겠다는 영국 정부의 보장입니다. 우리가 자리 잡을 때까지 휴전을 보장해 준다면, 종전을 협의할 수 있을 겁니다."

"디트리히, 나는 영국 총리인 처칠Churchill을 잘 알고 있다네. 그는 완전한 항복이 아니면 받아들이지 않을걸세."

"그건 이해하기 어렵군요. 무슨 일이 있어도 이 전쟁은 끝나야 합니다. 주교님은 제가 무슨 기도를 하는지 아십니까? 히틀러 정권이 패배하도록 기도하고 있습니다. 독일은 지금 자기 스스로를 해치고 있기에 조국을 위해 제가 할 수 있는 일은 조국이 패배하도록 간절히 기도하는 것뿐입니다.[1] 기도하기 정말 끔찍한 내용이죠."

주교는 안경을 벗어 책상 위에 조심스럽게 올려놓았다.

"솔직히 말하겠네. 영국 정부는 나를 웃음거리로 생각하고 있어. 영국 병사들의 목숨과 영국의 자유를 희생하면서까지 나치와 친구가 되려는 어리석은 동정심을 가졌다고 말이네. 자네는 연합군이 나치에 대해 전쟁을 선포했다고 생각하겠지만, 그들은 사실상 독일에 전쟁을 선포한 것이나 마찬가지네. 모든 독일인에게 말이야."

---

1) 디트리히는 실제로 이를 인정했다. 그리고 애국심과 신앙심을 같은 것으로 간주하는 영국에서는 이것이 매우 충격적인 말이었다. 우리는 조국에 대한 애국심과 하나님을 향한 충성심을 헷갈리지 않도록 매우 신중해야 한다.

"아, 하지만 어떻게 그럴 수 있습니까? 대부분의 독일 사람들은 히틀러나 그의 비인간적인 정책에 동의하지 않는걸요. 더구나 이 전쟁을 증오하고 있습니다. 나치 제복을 입은 사람 중 절반은 국가에 대한 충성으로 섬기는 것이지, 히틀러의 사상을 따르는 게 아닙니다."

"우리 전투기 하나가 자네의 동료에 의해 격추됐다고 치세나. 땅으로 추락하는 우리 조종사가 자기를 쏜 녀석이 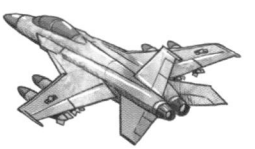 나치인지 그저 '독일에 충성하는 자'인지 상관하겠는가?"

디트리히는 영국과 연합군이 나치에 대해서만 전쟁을 선포한 것이 아니라, 독일인이라는 이유로 그가 아는 모든 훌륭한 독일 사람들에 대해 전쟁을 선포했다는 것을 믿기 어려웠다. 영국과 연합군이 디트리히의 가족, 친구, 그리고 디트리히 자신에게까지도 선전포고를 했다고 어찌 믿겠는가! 디트리히는 손에 얼굴을 파묻었다.

"이런 이야기를 하게 돼서 정말 미안하네, 디트리히."

"주교님, 그래도 우리는 계속 진행할 겁니다. 그리고 결국 그를 끌어내릴 겁니다."

"나도 자네에게 어떻게든 도움을 주고 싶다네. 물론 정부에 다시 이야기해 볼 테지만, 실패로 돌아갈 경우를 대비했으면 좋겠네. 만일 내가 개인적으로 도울 일이 있다면 말만 하게나."

"영국 교회와 독일 교회는 모두 같은 하나님을 사랑하죠. 하나님께 우리를 도와 달라고 기도해 주세요."

"매일 그렇게 기도하고 있네. 자네를 위해서는 뭐라고 기도하면 좋겠나, 디트리히?"

"제가 앞으로 마주하게 될 일이 무엇이든지 힘을 주시길 기도해 주세요. 제가 이겨 낼 수 있도록요."

며칠 뒤 디트리히가 베를린에 돌아왔을 때, 도시에는 긴장감이 감돌고 있었다. 사람들은 조용히 속삭이며 사방을 주시했다. 거리에는 신분증을 확인하는 군인들이 자주 보였다.

햇빛에 그을린 금발 소년들이 뭔가를 보며 킥킥대고 있었다. 디트리히는 궁금해서 뒤돌아봤다.

그들은 어떤 남자가 거리를 걸어가는 모습을 보며 비웃고 있었다. 그 남자의 코트 소매에는 대충 자른 듯한 육각별 모양의 자수가 있었다. 유대인을 상징하는 '다윗의 별'이었다.

나치는 유대인들에게 육각별 표식을 달게 함으로써, 일반인들과 심지어 어린 소년들까지도 유대인들을 업신여기고 싫어하도록 만들었다. 유대인들이 사라지길 바라도록 말이다.

디트리히는 영국 정부가 모든 독일인을 나치이자 적으로 간주하는 것이 얼마나 이상한 일인지 생각했다. 유대인들 역시 똑같은 독일 사람이었지만, 그들은 나치 아래서 다른 누구보다 고통받고 있었다.

## 1945

"제가 당신의 외교적인 능력을 의심하는 건 아니지만, 그 주교님은 나중에라도 뭔가 좋은 일을 하셨나요?"

사감이 물었다.

"만일 주교님이 영국 정부로부터 어떤 지원이라도 받았다면, 우리는 독일 장교들을 우리 편으로 더 많이 끌어들였을 거고, 슈타우펜베르크 장교의 계획은 성공할 수 있었겠죠. 우리는 지금 베를린을 움직이고 있었을 테고, 히틀러는 죽은 목숨이었을 거예요. 제가 아는 주교님은 할 수 있는 모든 노력을 하셨을 거예요. 그분은 영국에서 독일 저항 세력의 조력자라는 이유로 조롱을 받고 계신 분이었어요."

"아직 우리 편인 사람이 있을까요?"

사감이 절망적으로 물었다.

"그럼요, 하나님께서 우리 편이시죠. 우리를 둘러싼 공포와 고통만 바라볼 때는 그 사실을 의심하기 쉽죠. 하지만 하나님께서 우리 편에 계시다는 걸 보려면 다른 무엇도 아닌 오직 예수님만 바라봐야 합니다. 베드로가 예수님께서 물 위를 걸으시는 걸 보고 예수님과 같이 걸으려고 배에서 내린 사건을 기억하나요 마태복음 14:28-29? 아무리 거친 폭풍이 베드로를 에워싸도 베드로가 예수님만 바라볼 때까지는 모든 게 괜찮았어요. 그런데 그가 사나운 물결을 내려다보고 거친 바람 소리에 마음을 빼앗기자 바로 두려움이 그를 덮쳤고 그는 물에 빠졌죠."

"훌륭한 가르침이네요. 제가 이 폭풍을 무시할 수 없다는 걸 빼면요. 저도 예수님을 생각해 보려고 노력했지만, 그분의 이야기는 저를 둘러싼 공포와 비교하면 그저 옛날이야기처럼 들려요. 어디에서 예수님을 찾을 수 있죠?"

"우리가 하나님을 찾을 곳을 우리 스스로 정한다면, 우리는 언제나 그분을 찾을 수 있을 겁니다. 하지만 만일 내가 하나님을 발견할 처소를 하나님께서 결정하신다면, 그곳은 여기처럼 공포와 고통으로 가득 찬 곳일 겁니다. 예수님의 십자가 길 말입니다."[2]

디트리히가 그녀 쪽으로 몸을 숙이며 말을 이었다.

"예수님은 십자가 위에서 우리를 위해 고통받으셨습니다. 그렇기에 오늘날 우리가 받는 고통도 아실 겁니다. 예수님은 고통 중에 우리와 함께 계시며, 우리를 더 이상의 고통이나 죽음이 없는 새로운 영역으로 안전하게 데려가실 수 있습니다. 우리가 십자가의 길에서 예수님을 찾는다면, 예수님을 만나게 될 겁니다."

---

2) 이 말은 디트리히가 매형에게 쓴 편지 중에서 인용했다. 그 편지에서 그는 모든 답은 성경에서 찾을 수 있다고 믿었다.

# 끝의 시작

다 닳은 제복 위에 제1차 세계대전 당시의 군인에게 주는 최고 훈장을 단, 나이 지긋한 귀족이 디트리히와 사감에게 다가와서 말을 걸었다.

"디트리히 박사, 내가 자네 가족을 좀 아는데, 그때는 자네가 너무 어려서 아마 나를 기억 못 할 거야. 나는 아주 오랫동안 독일에서 멀리 떨어진 곳에 있었거든."

그러자 디트리히가 빙긋 웃으며 말했다.

"중국으로 떠나셨던 장군님을 어떻게 잊을 수 있겠어요? 저는 종종 장군님이 중국 자금성에서 어떻게 지내시는지 궁금했어요. 그곳은 어떤 곳인지도요."

"음, 그곳은 내게 마치 집과 같았다네. 중국의 모든 것, 예의, 규율, 명예, 철학 같은 것이 나와 완벽하게 잘 맞았어. 전쟁이 시작됐을 때 나는 그곳에 머물고 싶었지만, 나치는 내가 돌아오지 않으면 가족들을 수용소에 보내겠다고 협박했지. 조국을 위해 싸우라는 명분 뒤에 실제로는 히틀러를 섬기라는 강요는 내게 무엇보다 불명예스러운 일이었지."

그는 생각에 잠겨 훈장을 만지작거리며 말했다.

"그럼 장군님이 독일에 돌아오셨을 때 많은 게 변했다는 걸 느끼셨겠죠."

"자네도 알지 않나. 내가 수년 전에 떠났을 땐 독일도 중국과 크게 다르지 않았다네. 가장 중요한 것은 명예, 나라를 사랑하는 마음, 예의 그리고 관대함이었어. 적어도 내 주변 사람들은 그랬지. 거기엔 자네 가족도 포함된다네. 어쨌든 그런 독일이 이제는 사라진 것 같은 기분이네."

"전쟁은 우리 가정과 가족에게도 파고들어 왔어요. 우리는 가능한 예전 모습을 유지하려고 노력했지만 어려웠죠."

## 1943

3월의 봄날 저녁, 독일 저항 세력의 거물들이 디트리히의 첫째 누나 집에 모였다. 스파이인 디트리히는 피아노를 쳤다. 다른 공범자 첫째 매형 뤼디거는 바이올린을 연주했다. 독일 정보부의 감시원이자 조종자인 둘째 매형 한스는 합창을 했다. 그들은 아버지의 75번째 생신 파티에서 연주하기 위해 「다 찬양하여라」 찬송가를 연습하고 있었다.

디트리히는 완벽하게 연주했지만, 곡을 끝마치기에 급급한 듯했다. 디트리히의 둘째 형 클라우스 Klaus가 계속 시계를 쳐다보고 있었다. 둘째 누나 크리스텔은 한스를 계속 힐끗거렸고, 한스는 차를 주차해 놓은 거리에 시선을 고정하고 있었다.

"오늘 저녁에 다들 무슨 일 있어요? 이건 큰 행사라고요. 더 잘해야 해요!"

본회퍼 가의 막내 여동생 수잔네가 결국 화를 내며 말했다.

"수잔네 말이 맞아요. 집중해서 연주합시다. 오늘 밤 하나님께서 무슨 일을 행하실지 누가 알겠어요. 주 찬양합시다!"

디트리히의 말에 그들은 다시 연주를 시작했지만, 크게 나아지지는 않았다. 방 안은 긴장감이 감돌았고, 마침내 리허설이 끝났을 때 전화벨이 울렸다.

한스는 자신의 집이 아님에도 전화 소리에 움찔했다. 뤼디거가 급히 전화를 받았다.

"슐라이허 집입니다. 여보세요?"

그는 상대방의 말을 잠시 듣더니 심각한 표정으로 전화를 다시 내려놓았다. 그리고 한스를 바라보며 고개를 저었다.

그들이 몇 개월간 준비했던 계획은 실패로 돌아갔다. 히틀러와 폭탄은 정해진 장소에 있었지만, 히틀러가 건물을 너무

일찍 떠난 것이 문제였다. 다시 폭탄을 해체했고, 피해는 없었다. 그들의 작전은 발각되지 않았지만, 히틀러는 여전히 수백만 명을 학살하고 세계를 상대로 제멋대로 날뛰었다.

아버지의 생신날이 되자, 가족들은 좀 더 나은 연주와 노래를 선보였다. 정신을 분산시키는 일도, 큰 희망도, 큰 실패도 없었다. 전쟁은 계속됐고, 그들은 그 모든 공포 가운데서도 한 사람의 생일을 기뻐하는 시간을 가졌다. 계획은 실패로 돌아갔지만, 그들은 "다 찬양하여라 전능 왕 창조의 주께" 하고 노래를 불렀다.

디트리히의 생각은 미래로 향했다. 친구 에버하르트가 레나테와 결혼을 앞두고 있었고, 디트리히 자신도 가족들 모르게 비밀리에 약혼한 몸이었다. 다음에 온 가족이 모이는 때는 에버하르트의 결혼식이 될 것이고, 그다음은 자신의 결혼식일 것이다. 그때는 분명 전쟁이 끝나 있을 것이다. 망명한 자비네 부부도 어쩌면 런던에서 돌아와 결혼식에 함께할 수 있을지 모른다. 미래는 확실하지 않지만 희망적이었다.

## 1945

"자네는 아직 희망을 품고 있나?"

귀족이 디트리히에게 물었다.

"그럼요, 저는 매일 희망을 품어요. 희망이 고통스러울 때도 있지만, 희망 없이 어떻게 살 수 있겠어요?"

"여보게, 우리는 물론 무엇에든지 매달려야 하지만, 히틀러는 우리를 죽이기로 마음먹었다네. 우리는 전쟁이 끝날 때까지 살아남기 힘들 것 같아. 나는 중국 철학에서 조용히 운명을 받아들이는 법을 배웠다네."

디트리히가 잠시 침묵했다가 말을 꺼냈다.

"저는 신명기 내용으로 시를 써 볼까 해요. 느보 산에 오른 모세 이야기를 읽어 보셨으리라 생각해요."

"물론 모세는 알지. 부끄럽지만 느보 산에서 무슨 일이 있었는지는 기억나지 않는군."

"모세는 광야에서 이스라엘 백성을 40년간 이끌었습니다. 그리고 약속의 땅 가까이에 이르렀죠. 모세는 하나님께 순종하지 않았던 벌로, 그 자신은 약속의 땅에 들어가지 못했어요. 하지만 모세는 하나님의 은혜로 느보 산에 올라 그 앞에 펼쳐진 가나안 땅을 볼 수 있었어요. 직접 들어갈 수는 없었지만, 그는 눈앞의 넓은 들판과 포도밭, 시내를 보고 그곳에서 이스라엘 백성이 평안을 찾을 것을 알았습니다."[1]

"어쩌면, 중국 철학자들처럼 그도 죽음을 받아들이고 평안하게 죽은 것 같군."

디트리히가 고개를 저으며 말했다.

"모세는 하나님께서 신실하시다는 확실한 희망을 품고 있었어요. 그것이 그의 평안이었습니다."

"디트리히, 자네는 우리가 약속의 땅을 볼 수 있을 것 같은가?"

"약속의 땅이 어디에 있든지 저는 제가 서 있는 곳에서 볼 수 있습니다."

---

1) 신명기 34장에 나오는 내용이다.

축제

갑자기 경비병들이 방 안으로 우르르 들어왔다. 그들은 보통 때와는 다르게 기분 좋은 냄새를 몰고 왔다.

"마을에서 선물을 가져왔습니다! 빵과 감자 샐러드예요!"

또 감자였다. 그래도 더 먹을 수 있다는 사실에 매우 기뻤다. 죄수 중 한 명이 음식을 다 먹고 난 뒤 큰 소리로 말했다.

"목사님, 목사님이 감자 샐러드에 얼마나 흥분했는지 저희에게 하나님께 감사하라고 말하는 것도 잊어버렸어요!"

"먹기 전에 못 했다면, 먹고 난 후에 감사드려도 된답니다."

디트리히가 말했다. 그러자 하나님을 믿지 않는 조카를 포함해서 모든 죄수가 눈을 감고 고개를 숙였다. 모든 사람이 이 기적과도 같은 음식을 주심에 겸손한 마음으로 감사했다.

"하나님, 이곳 감옥에도 자비를 베풀어 주심에 감사합니다. 우리에게 필요한 양식을 보낸 이들을 축복해 주옵시고, 만복으로 갚아 주시옵소서. 예수님의 이름으로 기도합니다. 아멘."

디트리히가 기도를 마치자 죄수들이 고개를 들고 미소 지었다. 감방에는 느긋한 대화가 오갔다. 불이 꺼지기 전 짧은 저녁 시간까지 죄수들은 달리 할 일이 없었다.

금발 폭탄이 다가와 디트리히의 침대 끝에 앉았다.

"목사님, 이곳 생활은 정말 지루하기만 하네요."

디트리히가 말했다.

"시간이 천천히 간다는 건 저도 인정합니다. 그래도 이곳에는 적어도 약간의 자유와 편안함이 있잖아요."

"저는 제가 얼마나 배고픈지, 그리고 처음부터 이 문제에 발을 들인 게 옳았는지 생각할 시간만 늘어난 기분이에요."

"당신은 히틀러 반대편에서 일했던 걸 후회하나요?"

"잘했다는 생각은 아주 조금밖에 안 들어요. 결국 여기 갇혀 있잖아요. 모든 게 아무런 의미가 없어요."

디트리히가 어깨를 으쓱해 보였다.

"히틀러를 상대로 싸우는 일은 감옥이 주는 불편함보다 훨씬 큰 의미가 있습니다. 저는 조금 더 싸울 수 있었다면 하고 바란답니다. 히틀러가 아직 바깥에 있으니까요."

"목사님이 바라는 더 큰 그림을 이해하려고 하지 않을게요. 제가 아는 거라고는 여기가 너무 싫다는 거예요! 배고픈 것도, 추운 것도, 매일 같은 사람들과 같은 방에 있는 것도 질려요. 가끔은 더는 참을 수 없을 것만 같은 기분이 들어요! 목사님은 한 번도 그런 적 없나요?"

그녀의 목소리가 높아졌다.

"물론 저도 그런 적이 있죠. 사실 그건 그리 놀라운 일이 아닙니다. 우리처럼 위험한 싸움을 해 본 사람이라면 누구든 그리고 어떻게든 대가를 치르게 돼 있죠. 죽을 수도 있다는 걸 모르고 히틀러에 맞서 싸우는 사람은 없을 거예요."

"아는 것과 당하는 건 다른 문제예요. 목사님은 비밀경찰을 봤을 때 심장이 덜컥 내려앉지 않았다고 말 못 하겠죠."

"당연히 그랬죠. 하지만 저는 몇 년 전부터 마음의 준비를 하고 있었습니다."

## 1943

아버지의 생일 파티가 있은 지 며칠 후, 디트리히는 책을 쓰고 있었다. 나치 정부는 그가 시편에 관해 쓴 짧은 글을 이유로 그를 친유대주의자라고 규정했고, 더 이상 출판하지 못하도록 조치했다. 하지만 그는 그들의 권력이 영원하지 않다는 것을 알았다. 이 책은 쓰는 데 오래 걸릴 예정이었고, 책이 완성될 즈음에는 다시 출판할 수 있는 상황이 오리라고 생각했다.

이 책의 제목은 『윤리학』이었다. 기독교인의 시각에서 옳고 그름을 가르는 법에 관한 연구를 담고 있었다. 베르너 장교가 그랬듯 모든 기독교인이 이 끔찍한 전쟁에서 하나님을 따라가는 올바른 길을 찾는 데 어려움을 겪고 있었다. 디트리히는 교회가 성경과 반대되는 결정을 내리고, 고통받는 사람들 편에 서는 데 실패하고, 심지어는 나치에게 이용당하는 것을 봐 왔다. 그래서 그는 교회법에 의지하지 않고 하나님과의 관계를 중시하고 말씀에만 전적으로 의지하는 기독교인의 이상향을 꿈꾸기 시작했다. 예수님은 이를 "아버지께 영과 진리로 예배하는 자들"요한복음 4:23이라고 말씀하셨다. 그리고 하나님과 말씀을 가까이하는 자들은 무엇이 옳은지 알게 될 거라고 말씀하셨다.

몇 시간 동안 집중해서 글을 쓰던 디트리히는 잠시 휴식을 취하기 전에 둘째 매형 한스에게 전화하기로 했다. 저항 세력을 위해 여행할 일정에 대해 물어보기 위해서였다. 신호음이 여러 번 울리고 누군가 전화를 받았다.

"여보세요?"

한스의 목소리가 아니었다. 디트리히는 낯선 목소리에 놀라서 수화기를 확 내려놓았다. 그는 재빨리 집을 나와 첫째 누나 우르줄라가 사는 옆집 정원으로 갔다. 부엌에서 점심 식사 준비 중이던 누나는 창백한 동생의 얼굴을 보자 놀라서 외쳤다.

"디트리히! 무슨 일이야?"

"한스와 크리스텔 누나 일이야. 방금 누나 집에 전화를 걸었는데 모르는 사람이 받았어."

우르줄라도 디트리히처럼 창백해져서 말했다.

"비밀경찰이야."

"뤼디거 매형에게 조심하라고 말해야 해. 매형도 관련돼 있으니까. 그들이 다음으로 나를 찾아올 거야. 비밀경찰이 묻는 말에 뭐라고 대답할지 확실히 해야 해."

우르줄라가 고개를 끄덕이며 말했다.

"너는 그냥 한스와 같이 일한 것뿐이야. 너는 평범한 목사님이고, 저항 세력에 대해 아는 게 없는 거야."

"한스가 하는 일은 나도 다 도왔는데, 매형이 모든 걸 뒤집어쓰게 하고 싶지 않아. 누나 있잖아, 감옥에서는 많이 못 먹을 텐데 혹시 점심 남는 것 좀 있어?"

"디트리히! 이런 상황에서 어떻게 먹을 생각을 하니?"

"내 목숨은 하나님 손에 있는걸. 걱정으로는 바꿀 수 있는 게 아무것도 없어. 내 건강을 위해 할 수 있는 건 해야지. 점심을 먹으면 도움이 될 것 같은데, 먹어도 되지?"

"조금만 기다려. 요리해 줄게."

디트리히는 그사이에 부모님 집으로 돌아갔다. 먼저, 부모님이 자료를 찾으실 수 있도록 문서를 정리했다. 그가 감옥에 갇혀서 면회를 오신다면, 부모님이 『윤리학』의 자료를 가져다

주실 수 있을지도 몰랐다. 그리고 그는 저항 세력을 위해 일한 증거가 남아 있지는 않은지 다시 확인했다. 작은 메모도 비밀경찰의 의심을 사게 할 수 있었다.

디트리히는 집을 나서면서 어머니가 외출 준비하시는 것을 봤다. 그는 비밀경찰이 왔을 때 어머니가 집에 안 계신다고 생각하니 안심이 됐다.

그는 어머니에게 포옹하고, 스카프를 매만지며 말했다.

"아주 멋지세요, 엄마. 저는 우르줄라 누나네 집에 점심 먹으러 갈 거예요. 나중에 봬요."

"그래, 저녁 때 보자꾸나."

어머니가 문을 나서며 말씀하셨다. 디트리히는 어머니의 말에 아무 대답도 할 수 없었다.

우르줄라 누나 집으로 돌아온 디트리히는 음식을 먹으며 누나와 이야기를 나눴다. 눈에 익숙한 누나의 부엌을 둘러보면서 이곳을 당분간 보지 못할 거라 생각하니 이상한 기분이 들었다.

오후 4시에 아버지가 찾아오셨다.

"디트리히, 신사 두 분이 너를 만나고 싶어 하시는구나."

"제가 가 볼게요."

디트리히는 누나와 아버지를 따라 밖으로 나섰다. 정원에서 그가 아버지의 손을 꼭 잡았다.

"한스와 크리스텔 누나는 이미 붙잡혀 갔어요. 아버지가 걱정하시는 걸 원하진 않지만, 이제는 아셔야 할 것 같아서요. 어머니께 저를 위해 기도해 달라고 전해 주세요. 특별히 제가 심문받을 때를 위해서요."

"너는 잘 해낼 거다. 하나님께서 너와 함께 계실 거야."

아버지의 목소리는 차분했지만, 눈에는 눈물이 고였다. 아버지는 하나님을 믿지 않았지만, 단 한 번도 자식들과 아내의 신앙을 무시한 적이 없었다. 그리고 지금은 가족들에게 신앙이 있다는 것을 다행스러워했다.

제복을 입은 두 명의 비밀경찰이 디트리히의 책상을 샅샅이

뒤지고 종이란 종이는 모두 가방에 쓸어 담고 있었다.

"디트리히 본회퍼 씨."

둘 중 나이가 더 많아 보이는 사람이 말했다.

"당신을 체포하겠습니다. 우리와 함께 테겔Tegel로 갑시다."

아버지는 사랑하는 막내아들이 감옥에 갈 거라는 말에 신음했다.

"괜찮아요, 아버지. 저는 아무것도 숨기는 게 없어요. 제가 뭐 하나만 가져가도 될까요?"

그가 발터 형의 성경책을 집어 들며 말했다.

"이제 절 데려가셔도 좋습니다."

## 1945

"저는 몇 주 혹은 며칠 안에 풀려날 거라고 생각했습니다."

디트리히가 금발 폭탄에게 말했다.

"처음에는 한 달 뒤에 있을 에버하르트와 레나테의 결혼식에도 갈 수 있을 거라 생각했죠. 하지만 감옥에서 제가 할 수 있는 거라고는 축복을 담아 편지 한 장 보내는 것이 고작이었습니다. 한동안은 정말 참을 수 없었죠. 고문을 받다가 비밀을 누설하지 않기 위해 스스로 죽음을 맞이해야 할까도 고민해 봤어요."

금발 폭탄이 고개를 끄덕이며 말했다.

"저도 그 생각을 해 봤어요. 감옥에 갇힌다는 사실 자체가 너무 큰 충격이었어요. 그래서 좌절에 빠지게 되죠. 목사님은 좌절에서 어떻게 빠져나왔어요?"

"중요한 걸 떠올렸습니다. 저번에 저항 세력에 합류할 때 대가를 치를 각오를 했다고 말했었죠. 하지만 저는 그보다 훨씬 오래전에 기독교인이 되면서 희생을 각오했습니다. 예수님은 그분을 따르는 대가가 우리의 생명이라고 말씀하셨어요. 저의 생명은 더이상 제 것이 아니라 그분의 것입니다."

사감

　　디트리히는 창가에 서서 해가 저무는 모습을 바라보고 있었다. 보랏빛으로 물든 하늘이 정말 신비로웠다.

　　"아름답지 않나요?"

　　디트리히의 질문에 사감이 미소 지으며 대답했다.

　　"목사님이 이렇게 낭만적으로 말하는 건 처음이에요."

　　"하하, 제 약혼녀도 부인 말씀에 동의할 것 같아 무섭네요. 그녀도 제가 낭만적이지 않다고 말했거든요."

"약혼자가 있군요!"

"네, 이건 사실 비밀이었습니다. 약혼녀가 너무 어려서 그녀의 어머니는 1년간 아무에게도 말하지 말라고 하셨거든요. 제 가족들조차 체포된 후에야 알았답니다."

## 1943

"디트리히 본회퍼, 면회객이 있다!"

디트리히는 아버지나 에버하르트일 거라고 생각했다. 그는 감옥에서 나와 사령관을 따라 면회실로 내려갔다.

"폰 베데마이어Von Wedemeyer 양이 곧 들어올 거다."

디트리히는 순간 몸이 굳은 것처럼 뻣뻣해졌다. 이렇게 다 해진 옷을 입고 아무런 준비도 없이 마리아를 만나게 된 것이다. 맑은 공기같이 상큼한 마리아가 하얀 블라우스와 풍성한 치마에 예쁜 신발, 모자 그리고 큰 바구니를 들고서 서 있었다.

"본회퍼 목사님."

그녀는 이렇게 말하더니 바로 웃음을 터뜨렸다.

"저는 직접 보는 것보다 편지로 말할 때 더 대담한가 봐요! 이제는 '디트리히'라고 불러야 하는데 말이에요."

마리아의 말에 디트리히가 미소를 짓자, 그녀가 옷과 책이 들은 바구니를 보이며 말했다.

"약혼 선물이에요. 사실 대부분 당신 것이지만요!"

하지만 디트리히는 바구니에 눈길도 주지 않았다. 그는 마리아의 얼굴에서 눈을 뗄 수가 없었다.

"당신이 여기 있다는 게 믿어지지 않아요. 당신을 이런 곳에 오게 해서 너무 미안해요. 이 담장 안을 봐서는 안 됐는데…. 그리고 이런 내 모습도요."

그는 몇 달간의 감옥 생활로 다 늘어난 칙칙하고 구겨진 자신의 셔츠를 내려다봤다.

"디트리히, 저는 당신이 어떤 상황에 있든 변함없이 당신과 만날 생각이에요. 우리는 이제 약혼을 비밀로 할 수도 없어요. 약혼자 면회를 신청하는 바람에 우리의 비밀이 탄로 났거든요."

"그렇다면 옥상에 올라가서 소리쳐도 되겠네요."

디트리히가 웃으며 말했다.

"디트리히, 당신은 제가 정말 좋은가요?"

"나는 그 무엇보다 당신을 사랑해요. 마리아, 당신이 수개월 전 편지에 내 청혼을 허락한다고 썼을 때, 혹시 다른 이유 때문에 내 청혼을 받아들인 건 아닐까 걱정했어요. 하지만 지금 당신이 여기에 있고, 나를 정말 사랑한다는 걸 알 수 있어요. 당신도 나를 사랑하죠?"

그녀는 발그레한 얼굴로 고개를 끄덕였다.

"이제 5분 남았다."

경비병이 차가운 목소리로 외쳤다. 디트리히가 마리아를 바라보며 말했다.

"이제 걱정하며 살지 않겠다고 약속해 줘요."

"디트리히, 그건 약속할 수 없어요. 내 세상의 전부가 여기 있는걸요."

"당신의 걱정을 기도로 바꿔 봐요. 그리고 밖에서 나를 도우려고 애쓰지 말아요. 그 시간에 결혼식 계획을 짜거나 가구를 고르면 어때요?"

"이미 다 정했다고 하면 당신은 웃고 말 거예요. 식탁 위에 어떤 꽃을 놓을지, 침대 옆 탁자에 어떤 책을 놓을지 다 정했어요. 동화 같은 이야기지만, 많은 동화가 실제로 이뤄지는데 우리라고 그러지 말란 법 있겠어요?"

둘은 마주 보며 슬퍼 보이는 미소를 지었다.

"1분."

경비병의 말에 마리아가 울먹이며 말했다.

"아, 벌써! 조금 잔인하지 않아요? 하나님은 우리를 최근에야 만나게 하셔 놓고, 약혼한 상태로는 한 번도 만나지 못하게 하시잖아요. 이건 마치 저주 같아요."

"마리아, 당신은 축복이에요. 하나님께서 우리 곁에 계시고 선하시다는 증거예요. 당신이 나를 위해 기도하고, 나를 사랑한다는 걸 모른다면 이곳에서 어떻게 버텼을지 모르겠어요."

"매일 아침 여섯 시에 말씀을 읽고 당신을 위해 기도할게요."

"나도 그럴게요. 서로를 위해 기도해요."

디트리히의 말에 마리아가 밝게 미소 지으며 떠났다.

## 1945

"마리아가 그해 겨울에 엄청 큰 크리스마스 트리를 갖고 감옥에 온 거 알아요? 트리가 너무 커서 경비병들 방에 놓아야 했지만, 크리스마스 분위

기를 느낄 수 있어서 기뻤어요."

디트리히가 말했다.

"가끔 기다림이 영원한 것처럼 느껴질 때가 있지 않나요?"

사감이 한숨을 내쉬며 말했다.

"그렇죠. 하지만 기다림은 매우 중요해요. 대림절만 해도 그날을 기다리는 이유가 있어요. 대림절은 우리가 다시 오실 예수님을 기다리고 있다는 사실을 떠올려 주기 때문이에요. 저는 이제 자유인이 되는 것이든, 결혼식이든, 제 모든 기다림이 예수님을 기다리는 일의 일부가 된 것처럼 느껴져요. 결국, 예수님만이 이 모든 갈망을 채워 주실 수 있으니까요."

"저도 그런 믿음을 가졌으면 좋겠네요, 목사님."

"부인도 가질 수 있어요. 그저 구하기만 하면 됩니다."

# 영원

 잠든 죄수들의 숨소리가 방을 가득 채웠다. 디트리히는 몇 걸음 떨어진 곳에서 들리는 조카의 코 고는 소리가 쌍둥이 여동생 자비네의 소리라고 상상했다. 그는 열 살 소년 시절로 돌아갔다. 디트리히가 '영원'이라고 말하면 자비네가 그를 따라 단어를 중얼거렸다. 둘은 함께 이 단어의 뜻을 묵상했다.

 디트리히는 자비네가 런던에서 새로운 생활을 하는 지금도 여전히 영원에 대해 생각하고 있을지 궁금해졌다. 어쩌면 남편 게르하르트와 가끔 영원에 대해 이야기할지도 몰랐다.

 '자비네를 못 본 지가 몇 년이 됐더라? 5년, 6년?' 디트리히는 그들이 독일을 탈출하던 날 밤, 스위스 국경까지 차로 데려다줬던 일을 떠올렸다. 둘을 내려주고 혼자 돌아오는 길이 얼마나 적막했던가!

　감옥 생활은 때때로 영원같이 느껴졌다. 길게 늘여놓은 것 같은 끝없는 날들, 전쟁 또한 그랬다. 둘 다 그 끝이 가까운 것 같았지만, 결코 오지 않았다.

　끝없음에 관한 생각보다 더 두려운 것은 영구히 끝날 진정한 종말에 대한 생각이었다. 어쩌면 그게 디트리히가 신학자가 된 진짜 이유일 것이다. 디트리히는 영원한 삶이 있다는 것을 증명하기로 했다. 자신을 위해, 자비네를 위해, 그리고 발터 형을 위해 영원한 삶을 증명하려고 작정했다.

　디트리히가 예수님의 참사랑을 만나고 그 사랑에 자신을 드렸던 뉴욕에서의 첫 여름까지는 영원이라는 것이 늘 두렵게 느껴졌다. 하지만 이제 영원은 그가 상상해 왔던 형체 없는 어둠이 아니라, 사랑하는 예수님과 끝없는 시간을 보낼 천국처럼 보였다. 그에게는 두려운 대상이 점점 더 줄어들고 있었다. 디트리히는 그동안 죽음을 두려워해 왔다. 체포되기 전에는 고문이 무서웠고, 고문 중에 자신이 다른 사람들의 비밀을 말해 버릴까 봐 겁이 났다. 하지만 이제 그는 하나님께서 필요한 순간에 항상 힘을 주신다는 사실을 깨달았다.

　그는 하나님께서 광야에서 이스라엘 백성에게 만나를 주신 것을 생각했다.[1] 하나님은 매일 아침 그날 먹을 만큼만 만나를 거두도록 명령하셨고, 백성은 하나님께서 필요한 만큼 또 주실 것을 믿었다. 마찬가지로 디트리히는 앞날에 필요한 용기와 힘을 쌓아둘 수 없음을 알았다. 대신 하나님께서 매번 시험 당할 때마다 시험을 이기는 데 필요한 힘과 용기를 주신다는 것을 배웠다. 그래서 자신의 능력이나 명석함에 기대지 않고 계속해서 예수님만 의지할 수 있었다. 그는 내일 무슨 일이 일어나든지 감사드리며 평안하게 잠들 수 있었다.

\*\*\*\*

디트리히는 누군가 어깨를 흔드는 바람에 잠에서 깼다.

"으음, 누구십니까?"

"접니다, 라셔."

"아, 라셔 씨, 무슨 일입니까?"

---

1) 출애굽기 16장 말씀이다.

"잠을 잘 수가 없어서요. 목사님은 저에 대해 잘못 알고 있는 것 같습니다. 제가 기독교인인 거 알죠? 저는 세례도 받았고, 좋은 남편이자 아버지, 시민입니다. 그런데 목사님은 기독교인보다 유대인들 편에 서 있는 것처럼 보이네요."

"당신은 어떤 하나님을 믿습니까? 성경 속 하나님입니까, 아니면 히틀러가 만든 하나님입니까?"

라셔가 우물쭈물하다가 이렇게 말했다.

"예수님은 유대인들에게 죽임당하셨습니다!"

"하지만 예수님도 유대인이셨습니다. 예수님은 우리 죄를 대신해서 당신을 희생하셨습니다."

"내 죄가 스스로 십자가에 못 박힌 어떤 목수와 무슨 상관이 있단 말입니까?"

라셔의 목소리에 빈정거림이 담겼다.

"아무 상관 없겠죠. 당신이 예수님을 하나님이라고 믿지 않는다면요."

"그래서 당신의 하나님은 유대인이란 말이죠? 이제 이해가 되네요."

"라셔 씨, 만일 당신이 견신례 수업을 다 들었다면 알고 있을 거예요. 단지 제 믿음을 비웃기 위해 절 깨우신 건가요?"

"아닙니다, 목사님. 나는 당신을 존중해요. 당신은 많이 배웠고, 예의 바른 사람입니다. 다른 때, 다른 장소에서 만났다면 우린 친구가 됐을 겁니다."

"아마 분명히 그랬을 겁니다, 라셔 씨. 당신과 함께 있어서 저 역시 즐거웠으니까요."

"나는 죄수들을 계속 웃게 했어요. 필요할 때면 경비병에게 맞섰고, 고위급 나치 사령부에서 얻은 정보는 무엇이든 공유했고요. 여하튼 결론을 말하자면, 저는 좋은 사람이에요."

"물론이죠."

"그런데 어째서 당신의 하나님은 내게 영원한 심판을 받게 하시려는 겁니까?"

디트리히는 잠시 침묵했다.

"라서 씨, 여기 있는 모두가 하나님의 심판 아래에 있습니다. 저도 포함해서요. 다른 점이 있다면, 당신의 방패가 되실 분이 누구냐 하는 겁니다. 당신은 유대인인 예수님의 피에 호소하겠습니까, 아니면 당신이 친절을 베푼 동료 죄수에게 당신을 천국에 보내 달라고 하겠습니까?"

"나는 단지 당신이 나를 천국이 아닌 다른 곳으로 보내려고 하는 사실이 불쾌한 겁니다. 나는 사랑하는 조국으로부터 부당한 심판을 받았어요. 그런데 당신은 내가 죽은 후에 또 부당한 취급을 받을 거라고 생각한다는 겁니다."

"그럼 한번 말해 보세요. 당신은 어떤 이유로 체포됐나요?"

라셔가 한숨을 내뱉더니 대답했다.

"너무 사랑한 죄 때문이었죠. 내게는 목표가 있었는데, 그건 사람들이 아이를 더 잘 갖도록 만드는 거였어요. 그런데 나와 내 아내는 그걸 증명하라는 압박을 받았습니다. 그래서 우리는 우리가 할 수 있는 방법으로 아이들을 얻었어요."

"혹시 아이들을 입양했나요?"

"맞습니다. 하지만 정부는 더 불쾌한 단어를 사용했죠. 아이들을 샀다고요. 심지어 납치라고도 했어요. 하지만 당신도 알다시피, 우리는 그 아이들을 친자식처럼 사랑했습니다."

"그럼 정부가 당신에게 책임을 물은 게 잘못이군요?"

"나도 속인 건 잘못이었지만, 정부도 더 합리적으로 판단했어야 해요."

"라셔 씨, 당신 생애를 통틀어 진정으로 죄책감을 느꼈던 적이 있나요?"

"나는 늘 정직한 시민이었어요. 그래서 후회도 없습니다."

"당신은 예수님의 용서가 필요하지 않아 보이네요. 예수님께서 죄를 씻어 주시고, 용서해 주신 사람만이 예수님의 친구가 될 수 있습니다. 어렸을 때, 저는 산상수훈에 푹 빠졌어요. 그래서 『나를 따르라』는 책을 썼어요. 요약하자면, 회개하지 않고 잘못에서 돌아서지 않으면서 하나님을 알 수 있다고 말한다면, 예수 그리스도의 죽음이 필요하지 않다고 말하는 거나 마찬가지입니다. 값싼 은혜죠. 하지만 사실 은혜는 값비싼 겁니다. 그 값이 하나님 아들의 목숨이니까요. 회개와 겸손이 하나님을 아는 유일한 길입니다. 그리고 라셔 씨, 당신에게도 아직 회개할 기회가 있습니다."

"당신의 하나님은 약함을 강요하시는군요? 그렇다면, 나는 좋은 기독교인보다 좋은 독일인이 되는 게 낫겠습니다."

라셔가 이렇게 말하고는 휙 가 버렸다. 디트리히는 그제야 '영원'이라는 단어가 왜 그렇게 불길한 소리로 들렸는지 깨달았다. 하나님 없는 영원이란 얼마나 무서운 것인가?

# 탈출

디트리히는 한밤중에 라셔와 이야기하는 통에 잠이 부족했지만, 마리아와의 약속을 지키기 위해 아침 여섯 시에 일어났다. 오늘의 말씀 구절은 예수님의 희생과 부활에 관한 내용이었다. 그날 아침은 특별히 예수님께서 그 방에 실제로 함께 계신 것처럼 가깝게 느껴졌다. 마치 예수님께서 다른 죄수들과 같이 앉아서 무언가, 혹은 누군가를 기다리시는 것 같았다.

디트리히는 그 모든 기다림을 생각했다. 우리는 아담과 하와가 에덴 동산에서 쫓겨날 때부터 기다려 왔다. 구세주가 오시기를. 예수님께서 승천하신 후로는 구세주께서 다시 오시기를 기다려 왔다. 그 기다림만이 진정으로 가치 있는 기다림이다.

이제 다른 죄수들도 하나둘 일어났다. 늑대가 디트리히에게

페퍼민트 차를 건네며 말했다.

"한 번 우려낸 찻잎을 다시 쓸 수밖에 없었어요. 아직 맛이 나면 좋겠네요."

"친절하군요. 늑대 씨는 여기서 그냥 걸어 나가서 숲속으로 도망치는 상상을 해 본 적이 있나요?"

"여기라면 도망칠 수 있겠죠, 목사님. 경비병들이 총을 쏠지도 모르지만 아무도 야단법석 떨지는 않을 겁니다. 뭐, 그래도 추천하지는 않겠어요. 전쟁은 언제라도 끝날 거고, 그러면 자유의 몸이 될 거니까요."

"저도 그냥 생각만 해 본 겁니다. 탈출 계획 같은 건 흥미가 나질 않네요, 더 이상은요."

"그럼 전에는 해 봤다는 거예요?"

"라셔 씨, 사실 저는 실제로 문밖으로 한 발 나선 적이 있답니다."

# 1944

'내일이면 바로 그날이다.'

테겔 감옥에서의 시간도 단 하루 남았다. 디트리히는 경비병 크노블라우흐Knoblauch와 창문으로 눈빛을 주고받았다.

지난밤, 크노블라우흐는 어둠을 틈타 정비사 옷과 배급표[1]를 받으러 우르줄라에게 다녀왔다. 그리고 오늘 디트리히에게 그 옷을 건네줄 것이다. 내일 크노블라우흐의 교대 시간이 되면 그들은 감옥을 걸어 나가서 숲속으로 향할 것이다. 거기에서 정비사 옷으로 갈아입고 나면 자유의 몸이다!

그들은 스위스로 갈 것이다. 그리고 카를 바르트와 친구들을 만날 것이다. 그곳에서 전쟁이 끝나길 기다리고, 마리아와 결혼하고, 나라를 재건할 것이다. 감옥 밖 국경 너머로 그리고 미래로 생각이 점점 뻗어 나갔다.

사실 디트리히보다 크노블라우흐가 더 위험했다. 디트리히는 감옥에서 도망칠 이유가 충분했다. 하지만 크노블라우흐는 디트리히를 위해 위험을 감수하고 있었다. 테겔의 죄수들을 감

---

1) 전쟁 동안 음식이 엄격하게 제한됐고, 배급표는 각 사람이 얼마나 음식을 살 수 있는지를 나타냈다. 배급표가 없다면 디트리히는 감옥 밖에서 굶어 죽을 것이었다.

시하는 일이 썩 즐겁지는 않았지만, 그에게 큰 문제는 없었다. 크노블라우흐가 디트리히에게 말한 것은 다음 한마디였다.

"당신 같은 사람은 여기 있으면 안 됩니다. 제가 도울게요."

점심시간에 크노블라우흐가 점심이 담긴 쟁반과 꾸러미를 하나 가져왔다. 디트리히는 수프와 작고 검은 빵이 전부인 식사에는 눈길도 주지 않았다. 대신 옷 꾸러
미를 소중하게 받았다. 이것은 그에게 자유를 의미했다.

크노블라우흐가 막 뭔가를 말하려는데, 상사 하나가 그를 불렀다. 그는 심각한 표정을 짓고는 몸을 돌렸다.

디트리히는 옷 꾸러미를 조심스럽게 펼쳤다. 꾸러미 안에는 정비사 옷이 배급표와 함께 들어 있었다. 그리고 우르줄라 누나가 손으로 쓴 쪽지도 있었다.

'문서가 발견됐어. 클라우스가 체포됐어.'

누나가 말한 문서는 「수치의 연대기」라는 문서로, 한스가 카나리스 사령관의 지시로 1938년부터 기록해 둔 자료였다. 그 문서는 인류애에 반대되는 나치의 모든 불법적 활동과 만행, 범죄 증거를 담고 있었다. 문서는 전쟁이 끝나고 히틀러 정권이 무너지면 세상에 드러내 그들을 처벌할 수 있는 증거였다.

크노블라우흐는 저녁 시간에 디트리히에게 다시 왔다.

"첩보국의 카나리스 사령관에 대해 들은 것 없습니까?"

디트리히가 물었다.

"그는 체포됐어요. 그 밑에서 일하던 사람들은 물론이고 그와 조금이라도 연관된 사람들 모두가 체포됐어요. 목사님의 형 클라우스도 지금 감옥에 있고, 한스는 더 안 좋은 상황입니다. 히틀러는 이 일로 몹시 분노했어요. 우리는 오늘 나가는 게 현명할 것 같습니다. 바로 지금요."

디트리히는 집에서 보내 준 꾸러미를 바라봤다. 옷을 걸치고, 배급표를 주머니에 넣고, 성경책은 크노블라우흐 가방에 넣기만 하면 됐다. 그러면 그는 자유였다. 과연 자유일까?

"자유…. 그럼 내가 사랑하는 사람들은 위험에 빠지겠지."

"뭐라고요?"

크노블라우흐가 물어보자 디트리히가 고개를 들었다.

"나는 전에 도망쳐 봤어요. 하지만 하나님께서 나를 돌려보내셨습니다. 나는 내 사람들과 함께 고통받기 두려워했지만, 하나님은 내가 그곳에 있기 원한다고 말씀하셨습니다."

"목사님, 하지만 지금이 도망갈 마지막 기회일 수도 있어요."

"내가 탈옥하면 그들은 내 가족과 다른 주변 사람들까지 체포할 거예요. 어쩌면 내 약혼녀까지요. 클라우스 형과 매형 한스는 물론, 그들이 조사하고 있는 다른 사람들에게도 안 좋은 영향이 갈 거예요."

그러자 크노블라우흐가 고개를 떨구며 말했다.

"저는 목사님 같은 분을 구할 수 있다면, 어쩌면 제 인생에 의미 있는 일을 하나쯤 하게 되지 않을까 생각했습니다."

디트리히가 그의 축 처진 어깨에 손을 올렸다.

"친구여, 나는 이 일을 절대 잊지 못할 거예요. 그래도 하나님의 뜻으로부터 도망칠 수는 없습니다. 오직 하나님만이 나를 구하실 수 있습니다."

## 1945

"도망치지 않길 잘했어요."

늑대가 말했다.

"당신은 절대 독일 밖으로 못 빠져나갔을 거예요. 그리고 이제 자유를 눈앞에 두고 있잖아요."

"어쩐지 오늘은 저도 그런 것만 같은 기분이 드네요."

# 교회

잠에서 깨어난 디트리히를 향해 사감이 말했다.

"우리가 귀중한 자원을 낭비하고 있는 것 같아요."

디트리히가 물었다.

"그 자원이 뭐죠?"

"당신 말이에요, 목사님. 오늘은 일요일이고, 우리는 여기에서 독일 최고의 설교자와 함께 있으니 이게 큰 기회가 아니겠어요?"

디트리히가 대답했다.

"제게 설교하는 것만큼 기쁜 일은 없죠. 하지만 모두에게 제 설교를 강요하고 싶지는 않습니다. 제 친구 푼더 박사 Dr. Punder 는 천주교인입니다. 그리고 여러분 중에도 천주교이신 분이 몇 있는 걸로 알고 있습니다. 어쩌면 모두가 제 설교를 듣고 싶진 않을 것 같군요."

이번에는 정치가가 말했다.

"친애하는 목사님. 제가 감히 말하건대, 하나님을 믿고 그의 아들이신 예수 그리스도를 믿는 사람이라면 당신 설교를 듣고 싶을 거예요."

디트리히가 말했다.

"그렇게 생각해 준다니 감사하네요. 하지만 우리 중에 적어도 한 명, 러시아 친구는 하나님을 믿지 않습니다. 그런데 우리가 하나뿐인 이 방에서 예배를 드린다면, 그는 도망갈 곳이 없어요."

"제 입장을 생각해 준다니 정말 감사합니다. 하지만 제가 언제 목사님이 믿는 하나님 이야기를 듣기 싫어했던 적이 있던가요? 저는 목사님이 어떻게 설교하는지 정말 들어 보고 싶습니다."

조카가 말했다. 라셔는 디트리히에게 설교를 요청하는 죄수들의 아우성에 그저 부루퉁한 표정으로 다른 곳을 바라볼 뿐이었다.

"그렇다면 좋습니다. 기쁜 마음으로 여러분께 말씀을 전하겠습니다."

\*\*\*\*

디트리히는 성경을 펼쳐 말씀을 읽었다.

> "그가 찔림은 우리의 허물 때문이요 그가 상함은 우리의 죄악 때문이라 그가 징계를 받으므로 우리는 평화를 누리고 그가 채찍에 맞으므로 우리는 나음을 받았도다"
>
> 이사야 53:5.

> "우리 주 예수 그리스도의 아버지 하나님을 찬송하리로다 그의 많으신 긍휼대로 예수 그리스도를 죽은 자 가운데서 부활하게 하심으로 말미암아 우리를 거듭나게 하사 산 소망이 있게 하시며" 베드로전서 1:3.

디트리히가 고개를 들어 미소를 지어 보였다.

"여러분께 마리아 이야기를 별로 하지 않은 것 같군요. 마리아는 제가 베를린 테겔 감옥에 갇혀 있을 때 자주 면회를 왔습니다. 그 후로 우리는 편지를 주고받았는데, 편지 중 하나에 이런 내용이 있었습니다. 그녀는 매일 아침 일어나며 '오늘이 그날일지도 몰라!' 하고 생각한다고요. 마리아는 어쩌면 오늘은 제가 풀려나는 소식을 들을지 모른다고 생각했어요. 혹은 전쟁이 끝났다거나 히틀러가 죽었다는 소식을 들을지 모른다고요. 마리아는 자유의 날을, 전쟁이 끝난 평화로운 날을, 그리고 마침내 우리가 결혼하는 날을 기대했어요. 마리아는 제 약혼녀입니다. 지금 우리는 서로가 정확히 어디에 있는지 몰라요. 하지만 매일 아침,

저는 생각합니다. 오늘이 그날일지도 모른다고요."

"우리는 감옥에 아주 오래 있었습니다. 그래서 자유와 평화의 날이 올 거라는 희망을 계속 품기가 어려워요. 두려움이 희망을 앗아갔죠. 그래서 우리에게 '오늘이 그날'이라고 생각한다는 건 '오늘이 내가 죽는 날인지도 모른다'는 의미이기도 해요."

늑대가 고개를 까딱거리며 말했다.

"네, 그렇게 생각할 수 있습니다. 그래도 두려워할 필요는 없어요. 죽음이 끔찍한 건지 어떻게 압니까? 인간은 두려움과 고통 속에서 살아가죠. 그런 우리가 이 세상에서 가장 영광스럽고, 신성하고, 축복받은 그런 중대한 사건 앞에서 그저 두려워하며 떨고 있는 건지 누가 압니까?

예수님은 부활하심으로 우리를 죄에서 구원하시는 것뿐만 아니라, 죽음의 공포에서 영원한 삶으로 건져 주신다고 약속하셨습니다. 그리고 어쩌면 오늘이 그날인지도 모릅니다. 이 세상 집이든, 천국의 집이든, 우리가 집으로 가는 날인지도 모릅니다. 사실 우리가 두려움에서 자유로워진다면, 우리는 진정으로 자유로워질 겁니다. 여러분이 예수 그리스도께 짐을

맡기기만 하면, 여러분의 영혼은 어떤 협박과 고통도 뛰어넘을 것입니다. 예수님은 당신이 창조하신 사람의 권세와 지배 아래로 스스로를 내어놓으셨습니다. 그리하여 예수님을 믿는 사람이라면 누구든지 다시는 세상 권세에 굴복하지 않도록 해 주셨습니다.

이날은 주님이 지으신 주의 날입니다. 기뻐하고 즐거워합시다."

디트리히는 크고 힘 있는 목소리로 찬송가 「내 주는 강한 성이요」를 불렀다. 그리고 축도를 위해 두 손을 들었다.

"이제는 우리를 죄악에서 구원하시고…."

그가 축도를 채 끝마치기도 전에 문이 벌컥 열렸다. 그리고 두 남자가 방으로 걸어 들어왔다. 남자 중 한 명이 말했다.

"죄수 디트리히 본회퍼, 우리와 함께 가야 하니 준비하시오!"

모든 죄수가 이 말의 의미를 알았다. 디트리히는 천천히 고개를 끄덕이고 뒤돌아 죄수들의 얼굴을 바라봤다. 조카의 눈

에는 절망이, 늑대의 눈에는 동정이, 금발 폭탄의 눈에는 눈물이, 귀족의 눈에는 체념이, 사감의 눈에는 분노가, 라셔의 눈에는 끔찍한 공허함이 들어 있었다.

디트리히는 죄수들에게 다가가 손을 움켜잡았다. 담담한 표정을 한 사람은 디트리히 단 한 명뿐이었다.

"이 무슨 참담한 일이란 말입니까? 나는 이제야 희망을 품기 시작했는데요. 어쩌면 우리가 생각하는 게 아닐지도 모릅니다. 어쩌면 단지 다른 곳으로 옮기는 걸지도 몰라요."

"아니요, 이것이 마지막입니다. 하지만 저에게는 새로운 삶의 시작입니다."[1)]

디트리히는 이렇게 말하고 미소 지었다.

---

1) 늑대라고 불린 페인 베스트가 쓴 『벤로 사건』(The Venlo Incident)에 나온 내용이다. 이 말은 디트리히 본회퍼의 마지막 말로 기록돼 있다.

•에필로그

제2차 세계대전이 끝났을 때, 독일은 폐허가 됐다. 도시에 남은 것은 대중교통, 우편 업무, 전화선이 전부였다. 디트리히의 부모님은 디트리히가 여자 기숙사 수용소를 떠난 다음 날 아침, 플로센뷔르크 Flossenbürg 수용소에서 교수형을 당한 사실을 BBC 라디오를 통해 알게 됐다. 부모님은 디트리히가 1년간 목회한 런던 교회에서 열린 추도 예배를 라디오로 들었다.

그들은 얼마 지나지 않아 디트리히의 형 클라우스와 매형 뤼디거도 비슷한 때에 처형된 것을 알게 됐다. 히틀러는 한스가 도망치게 도운 빌헬름 카나리스의 저항 세력과 연관된 사람은 모두 죽이라고 명령했다.

에버하르트는 전쟁에서 살아남아 그의 가장 친한 친구의 전기를 썼다. 마리아는 미국으로 건너가 공부하며 디트리히를 애도하다가, 다른 신학자와 결혼했다.

독일 저항 세력이 히틀러를 암살하려는 시도가 여러 차례 있었으나 번번이 실패한 후에, 베를린이 연합군에 함락되자, 히틀러는 결국 스스로 생을 마감했다. 그의 시체는 러시아군에 의해 발견됐다.

히틀러 암살 계획을 꾸민 목사님의 이야기는 확실히 매력적이었다. 독일 신학자의 지성과 담대한 용기를 보여 준 디트리히는 굉장히 치밀한 사람이었다. 완벽하다고 말할 수는 없지만 참으로 흥미로운 인물이었다. 나는 그에 대해 더 많이 알고 싶어졌고, 그래서 매우 즐겁게 조사할 수 있었다.

이 책을 쓰면서 나는 페인 베스트가 쓴 『벤로 사건』과 에버하르트, 찰스 마시 Charles Marsh 그리고 에릭 메탁사스 Eric Metaxas가 쓴 전기에 굉장히 많은 도움을 받았다. 또한 디트리히의 책 『나를 따르라』 The Cost of Discipleship, 『성도의 공동생활』 life together, 『옥중서신』 Lover Letters from Cell 92과 다양한 논문을 읽었다. 책에 나오는 대화 중 일부는 상상으로 썼지만, 그의 인용문을 기반으로 사실과 가깝게 쓴 것이다.

나는 이 책을 아들 솔리 Sorley가 태어난 직후에 쓰기 시작해, 아이의 첫 생일 즈음에 끝냈다. 나는 아들이 디트리히가 가졌던 믿음을 갖고 자라기를 소망한다. 하나님께 순종하고, 핍박 앞에 용기 있고, 무엇보다도 예수님을 자신의 피난처와 달려갈 곳으로 찾는 모습을 닮기 바란다. 그리고 이 책을 읽는 모든 독자도 그렇게 되기를 소망한다.

## 더 생각해 보기

### 1 별명 짓기

죄수들이 서로 잘 모르던 상황에서 라셔가 사람들에게 재밌는 별명을 지어서 칠판에 썼던 일은 실제 있었던 일이에요. 여러분은 사람들이 어떤 별명을 지어 주면 좋겠나요? 디트리히는 '폭군 살해자'라고 불리는 걸 좋아했을까요?

### 2 부르심

하나님께서 여러분의 삶에 특별한 목적을 갖고 계신다고 생각해 본 적이 있나요? 여러분은 하나님을 어떤 방법으로 섬기고 있나요? 여러분의 이익을 위해 이기적으로 하나님을 섬기는 방법에는 무엇이 있을까요?

### 3 가르침

디트리히는 하나님을 궁금해하는 학생들과 여러 가지 주제로 대화하며, 그것이 신앙과 어떻게 관련돼 있는지 토론했어요. 여러분이 예수님과 관련해서 배우고 싶은 주제는 무엇인가요? 히브리서 2:8은 '하나님께서는 만물로 하여금 예수님께 복종하게 하셨다'고 말씀해요. 이 말씀은 예술, 과학, 역사, 스포츠 등 세상의 모든 것에 어떤 의미를 주나요? 우리는 어떻게 이 모든 것이 예수님의 권한 아래 있는지 알 수 있나요?

### 4 균형

디트리히는 예수님께서 말씀하신 것처럼 '영과 진리'로 하나님께 예배하는 법을 배웠어요. 어떻게 영과 진리로 예배할 수 있나요? 어떻게 진정으로 하나님께 예배할 수 있나요? 우리가 진실로 영과 진리로 하나님을 예배하되, 사람 앞에서 인정받고자 하지 않고 선한 사람으로 보이게끔 꾸미지 않는 삶을 균형 있게 살 수 있을까요? 여러분은 우리가 스스로 구원할 수 없고, 예수님께서 우리를 구원해 주셔야 한다는 것을 깨달은 적이 있나요?

### 5 신학을 가르치는 방법

사도 바울은 고린도전서 9:22-23에서 예수님을 전하기 위해 누구와도 공감할 수 있도록 노력했다고 말해요. 디트리히는 학생들에게 이야기를 들려줌으로써 그들이 성경 이야기에 흥미를 느끼게 했어요. 여러분은 친구들이 예수님 이야기에 관심 갖도록 하기 위해 어떤 방법을 사용하나요?

### 6 편지

여러분이 감옥에 있다면 누구에게, 어떤 내용의 편지를 쓸 건가요? 여러분이 가장 힘든 상황에 있을 때도 예수님만 바라보도록 도와줄 사람이 있나요?

### 7 입장

디트리히와 프란츠는 히틀러와 국가사회주의가 얼마나 악한지를 정확히 알고 있었어요. 유대인이 목회자가 된다거나 교회 성도가 되는 것을 반대했던 나치의 정책이 왜 잘못된 것일까요? 디트리히는 교회가 기독교인이 아닐지라도 정부의 박해를 받는 사람을 보호할 책임이 있다고 말했어요. 여러분은 디트리히의 생각에 동의하나요? 아니면 교회는 기독교인만 돌봐야 한다고 생각하나요?

### 8 개신교 수도원

누군가에게 자신의 죄를 고백하는 것이 신앙생활에서 필요하다고 생각하나요? 여러분은 소문이 인간의 관계에 어떤 영향을 준다고 생각하나요? 여러분은 누군가를 도와주나요? 아니면 도움을 기다리나요? 여러분은 어떤 사람이 되고 싶나요?

[9] **두려움**

옳은 일 하기가 두려웠던 적이 있나요? 여러분이 과거에 했던 행동 때문에 후회한 적이 있나요? 기독교인에게는 죽음이 삶에서 가장 영화롭고 멋진 경험일 수도 있다는 디트리히의 생각에 동의하나요?

[10] **음악의 밤**

첩보국에서 일하고 있던 한스는 입대를 앞둔 디트리히에게 나치의 저항 세력을 위해 일할 것을 제안했어요. 여러분이라면 어떤 결정을 내렸을까요? 권력을 가진 사람이 하나님을 거스르는 결정을 내릴 때, 그리고 조국과 인류에 크나큰 해악을 끼칠 때 어떤 행동을 할 수 있을까요?

[11] **윤리**

폰 슈타우펜베르크 장교는 실제로 히틀러 암살 계획을 세우고, 1944년 7월 20일 거의 성공할 뻔했어요. 하지만 두꺼운 책상 다리가 폭발을 막아서 실패했어요. 장교는 즉시 처형됐어요. 장교는 독실한 기독교인이었어요. 여러분은 히틀러를 죽이려는 작전이 옳았다고 생각하나요? 디트리히 같은 훌륭한 사람이 자신의 주변에서 일어나는 나쁜 일에 대해 책임질 필요가 있다고 생각하나요?

### 12 비밀 임무

영국이 히틀러를 끌어내리려는 독일 저항 세력을 도왔다면, 역사는 어떻게 달라졌을까요? 요한복음 17:22-23에서 예수님은 주님을 따르는 사람들이 하나 됨으로써 세상이 그들이 누군지 알게 될 거라고 말씀하셨어요. 침략 전쟁을 끝내기 위해 목숨을 걸고 싸우고자 시도했던 사람들은 장군이나 정치인이라기보다는 목회자와 신학자들이었어요. 여러분은 교회의 올바른 역할이 무엇이라고 생각하나요?

### 13 끝의 시작

히틀러는 폭탄 암살 작전에서 여러 차례 살아남았어요. 여러분은 하나님께서 왜 히틀러가 사악한 일들을 계속하도록 두셨다고 생각하나요? 악마가 세상을 다스리는 것처럼 보일 때도 하나님께서 세상을 다스리고 계심을 알게 해 주는 성경 말씀은 무엇인가요?

### 14 축제

여러분은 예수님을 따르는 데 어떤 대가를 치르나요? 우리의 생명을 예수님께 내어놓으면 예수님은 무엇으로 돌려주시나요? 예수님을 믿는다는 이유로 순교하는 것을 상상할 수 있나요? 요한계시록은 신앙을 지키기 위해 희생한 순교자에게 무엇을 약속하나요?

### 15 사감

마태복음 24:42에서 예수님은 우리에게 다시 오실 날을 '깨어 기다리라'고 말씀하세요. 우리는 어떻게 깨어 기다릴 수 있나요? 여러분은 예수님께서 믿는 자들을 위해 언제 오실지 생각해 본 적이 있나요?

### 16 영원

여러분에게 영원이라는 말은 신나는 말인가요, 아니면 무서운 말인가요? 그렇게 느끼는 이유는 무엇인가요?

### 17 탈출

여러분은 디트리히가 무엇이 옳은 일인지 어떻게 알았다고 생각하나요? 하나님께서 여러분에게 다른 사람을 위해 희생할 용기를 주실 수 있다고 생각하나요?

### 18 교회

여러분은 최악의 상황에서도 예수님께서 주시는 자유와 평안을 알고 있나요? 디트리히는 순교 직전에 "이것이 마지막입니다. 하지만 저에게는 새로운 삶의 시작입니다"라고 말했어요. 이 말은 무엇을 의미하나요? 디트리히의 감방 동료 중에서 여러분과 가장 비슷한 사람은 누구인가요? 여러분은 죽은 후에 사람들이 어떻게 기억해 주길 바라나요?

## 디트리히 본회퍼의 신학

1517년, 정식 가톨릭 수도승이던 마틴 루터Martin Luther는 독일 비텐베르크 성당 문에 가톨릭교회에 도전하는 95개조 반박문을 붙이며 종교 개혁의 불꽃을 일으켰다. 이 반박문은 교회의 부패한 관행을 '개혁'하는 계기가 됐고, 사람들은 성직자를 통하는 대신 직접 성경을 탐구할 수 있게 됐다. 그렇게 개신교 교회가 탄생했고, 하나님을 온전히 경외하고자 하는 루터의 생각은 독일 정체성을 형성하는 데 있어서 강력하게 영향을 끼쳤다.

그러나 몇몇 학자들은 성경의 진실성에 의문을 던지기 시작했다. 21세기 초에는 독일 대학에서 가르치던 대부분의 신학 교수들이 하나님의 존재를 믿지 않았다. 그들은 성경을 문학이나 역사 혹은 문화로서 연구했다. 스위스 신학자 카를 바르트는 하나님께서 실제로 존재하신다는 '혁신적인' 이론을 소개했다. 우리는 하나님께서 성경에서 스스로 드러내신 것을 통해서만 하나님을 알 수 있으며, 신학은 믿음을 토론하는 것이 아니라 하나님을 발견하는 것이라고 말했다.

　오늘날 기독교인의 기준에서 보면 카를 바르트와 디트리히의 신학은 '진보적'이었다. 그들의 신학은 지금 우리가 성경을 있는 그대로 받아들이는 것과는 다르게 자신들의 고유 철학을 너무 많이 담고 있었다. 가장 잘 알려진 예로, 이들은 예수님께서 돌아가심으로 예수님과 그 희생을 믿는 사람뿐만 아니라 모든 사람이 구원받는다고 믿었다. 이 이론은 하나님의 사랑과 은혜를 몹시 강조하지만, 성경의 예수님을 믿고 구원받아야 한다는 말씀을 뒷받침하지 못한다.

　이들은 성경을 사랑했고, 하나님을 사랑했으며, 하나님의 아들이자 사람으로 살다가 돌아가시고 부활하심으로 우리의 죄를 용서해 주시고 영원한 삶을 약속해 주신 예수님을 믿었다. 디트리히는 이 '복음'으로 인해 삶이 180도로 변했고, 그의 목표와 성격, 행동까지 변화됐다. 예수님에 대한 믿음과 그분이 요구하신 희생이 최후에는 그를 감옥과 죽음으로 이끌었다. 그는 자신을 구원하신 하나님을 만나러 간다는 자신감을 갖고 사형 집행장을 향해 평안하게 나아갔다.

　이들이 예수님과 성경에 대해 약간 잘못된 생각을 가졌을지는 몰라도 예수님과 성경의 중요성은 알았다. 카를 바르트는 이렇게 말한 적이 있다. '예수님이 답이다. 무엇이 문제인가?'

인물들

- **겁쟁이:** 회프너 Hoeppner 박사다. 베스트 대위가 책에 '비참한 벌레 같은 남자'라고 묘사한 그는 슈타우펜베르크 장교의 음모에 가담한 형 때문에 체포됐다.
- **귀족:** 폰 팔켄하우젠 von Falkenhausen 남작이다. 한때 독일 총독이자 벨기에와 북프랑스 총사령관이었다. 그는 제2차 세계대전에서 세운 공으로 최고의 훈장을 받기도 했다.
- **금발 폭탄:** 하이들 Heidl 이라고만 기록된 젊은 여성이다. 제멋대로인 성격 때문에 사람들에게 미움을 샀던 것 같다.
- **늑대:** 지기스문트 페인 베스트 대위로, 전쟁 초기에 붙잡힌 스파이다. 그의 독일 암호명은 실제로 '늑대 씨'였다.
- **라셔:** 대량 학살을 위한 방법으로 가스실을 고안한 사람이자, 죄수들에게 끔찍한 의학적 실험을 한 의사였다. 재정적 부정과 조수 살해 혐의, 데이터 위조로 체포됐다.
- **레나테 슐라이허:** 디트리히의 첫째 누나 우르줄라와 남편 뤼

디거의 딸로, 에버하르트와 결혼했다.
- **마르틴 니묄러**: 베를린에서 유명한 사역자로, 히틀러에게 맞서 교회를 조직하는 것을 돕다가 투옥됐다.
- **마리아 폰 베데마이어**: 디트리히의 약혼자이자, 그의 사역을 지원했던 가족의 딸이었다.
- **빌헬름 카나리스**: 첩보국의 사령관이지만, 비밀스럽게 저항 세력을 위해 일했다.
- **사감**: 헤벌라인Heberlein 대사의 부인 마르고Margo로, 스페인 사람이다.
- **에버하르트 베트게**: 디트리히의 가장 친한 친구로, 한때는 제자였다.
- **조카**: 바실예비치 코코린이다. 낙하산을 타고 독일에 잠입했다가 포로로 잡힌 인물이다. 러시아에 돌아가면 총살이었기에, 그는 독일에 머물기를 원했다.
- **카를 바르트**: 20세기의 위대한 신학자 중 한 명이자 디트리히의 멘토다. 그는 대부분의 신학자가 하나님의 존재를 부정한 때에 근본적으로 하나님의 살아 계심을 주장했다.
- **폰 슈타우펜베르크**: 존경받는 백작이자 나치 장교다. 1944년 7월 20일에 히틀러 암살을 시도했으나 실패한 후 처형당했다.
- **한스 폰 도나니**: 디트리히의 둘째 누나 크리스텔의 남편이자 첩보국의 2인자다.

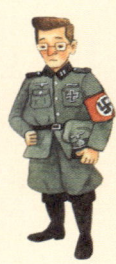

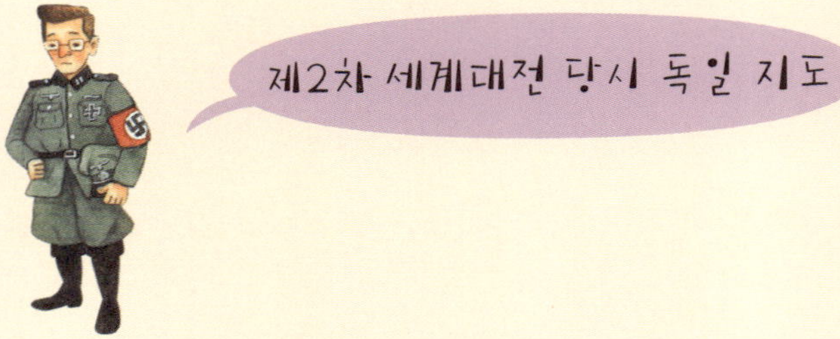
제2차 세계대전 당시 독일 지도

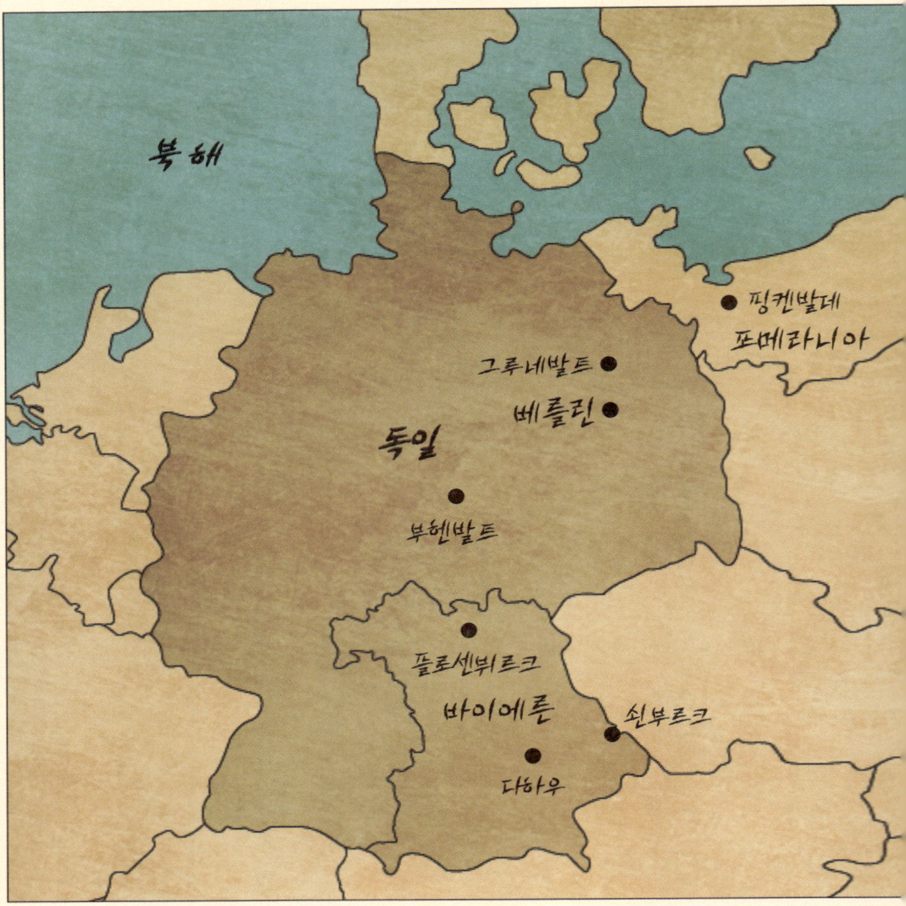
북해
핑켄발데
포메라니아
그루네발트
베를린
독일
부헨발트
플로센뷔르크
바이에른
쇤부르크
다하우

### 디트리히 본회퍼 연대표

| | |
|---|---|
| 1906 | 독일에서 출생함 |
| 1918 | 큰 형 발터가 제1차 세계대전 중 사망함 |
| 1928 | 박사 학위를 마치고 첫 강의를 함 |
| | 교육열이 강한 지역인 그루네발트에서 자란 부유한 아이들과 '목요일 모임'을 가짐 |
| 1930 | 뉴욕 유니언 신학교에서 강의하고 독립적인 연구를 함 |
| | 흑인 교회인 아비시니안 침례교회에 참석하며 가스펠 음악의 진정한 힘을 발견함 |
| 1932 | 베를린의 가난한 지역 베딩에서 주일 학교를 맡음 |
| 1933 | 나치가 주도하는 교회 모임에서 학생들과 함께 퇴장함으로 반히틀러 대열에 가담함 |
| | 카를 바르트, 마르틴 니묄러와 함께 나치의 정책에 반대하며 목사 긴급 연맹을 맺음 |
| | 런던의 두 독일 교회에서 목회하며 치체스터의 주교 조지 벨 주교를 만남 |

| | |
|---|---|
| 1935 | 독일에서 고백교회의 신학교 학장직을 맡음 |
| | 학생 중 하나인 에버하르트 베트게와 가장 친한 친구가 됨 |
| 1939 | 둘째 매형 한스 폰 도나니와 함께 첩보국의 사령관 빌헬름 카나리스가 이끄는 저항 세력을 위해 일함 |
| | 제2차 세계대전이 발발함 |
| 1941 | 유대인들의 소매에 육각별이 달린 것을 처음으로 목격함 |
| 1942 | 폰 슈타우펜베르크 장교의 보좌관 베르너를 만나 히틀러를 죽이는 일이 옳은지에 관해 대화함 |
| | 스웨덴에서 조지 벨 주교를 만나 히틀러를 무너뜨릴 저항 세력의 계획을 전달함 |
| 1943 | 마리아 폰 베데마이어와 편지로 약혼함 |
| | 한스 폰 도나니와 함께 비밀경찰에 체포됨 |
| | 마리아와 감옥에서 만남 |
| 1944 | 디트리히가 다른 가족이 체포됐다는 소식을 듣고 탈옥을 포기함 |
| | 슈타우펜베르크 장교의 히틀러 암살 시도가 실패하며 많은 사람이 체포됨 |
| 1945 | 플로센뷔르크 강제수용소에서 교수형에 처함 |
| | 제2차 세계대전이 끝남 |

나치에 저항한 행동하는 양심

# 디트리히 본회퍼

지은이 | 데이스프링 매클라우드
옮긴이 | 박상현
그린이 | 권영묵

초판 1쇄 | 2021년 7월 9일

발행인 | 김경섭
국제총무 | 최복순
협동총무 | 김상현
기획국장 | 김현욱
서적부 | 양재성, 신성화
편집부 | 고유영(편집실장), 김지혜(편집), 허윤희, 유권지(디자인)

발행처 | 묵상하는사람들
등록번호 | 20-333
일부총판 | 생명의말씀사 Tel. (02) 3159-7979 Fax. 080-022-8585

주소 | 서울시 동작구 사당로2가길 91(사당동) (우) 07028
전화 | (02) 588-2218    팩스 | (02) 588-2268
홈페이지 | www.precept.or.kr
국민은행 772-21-0310-382(김경섭)
2021 ⓒ 묵상하는사람들

값 9,000원
ISBN 978-89-8475-813-1 74230
      978-89-8475-645-8 74230(세트)

독자 여러분의 의견을 기다립니다.
독자 전화 (02) 588-2218 / pmnqt@hanmail.net